Directeur de collection: Robert Davies
Design et fabrication: Madeleine Hébert

Dans la même collection:

101 idées pour les jours de pluie
101 projets à réaliser
101 passe-temps et jeux

POUR RECEVOIR NOTRE CATALOGUE, IL SUFFIT DE NOUS
FAIRE PARVENIR UNE DEMANDE A L 'UNE DES ADRESSES SUIVANTES:

SCE-CANADA, C.P. 702, Stn Outremont, Québec, Canada H2V 4V6
SCE-FRANCE, 70 avenue Émile-Zola, 75015 Paris, France

101

par Judy Ridgway
RECETTES POUR
M'AMUSER

traduit de l'anglais par Madeleine Hébert
illustrations par Gillian Chapman

l'ÉTINCELLE

Diffusion

Belgique:
Presses de Belgique, 96 rue Gray, 1040 Bruxelles
Canada:
Médialiv, 1977 Bd Industriel, Laval, Québec H7S 1P6. Tél. [514] 629-6001
France:
SCE-France, 70 avenue Émile-Zola, 75015 Paris. Tél. 45.75.71.27
Suisse:
Diffulivre, 41 Jordils, 1025 St-Sulpice

Révision des épreuves: Geneviève Hofbeck
Assistante-traductrice: Maïa Hébert-Davies

ISBN 2-89019-198-2

Imprimé en Yougoslavie

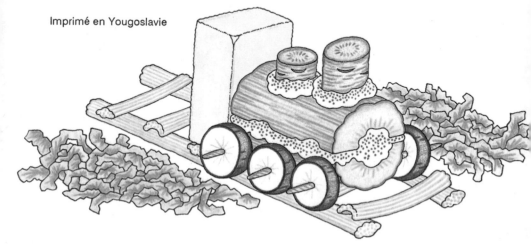

La maquette de ce livre a été réalisé avec le logiciel *Xerox Ventura Publisher 2.0 professionnel* et des polices de caractère *Bitstream® Fontware* sur Laserjet II.
Diffusion Bitstream en France: ISE CEGOS, Tour Amboise, 7e étage 204 Rond-Point de Sèvres, 92516 Boulogne.

Sommaire

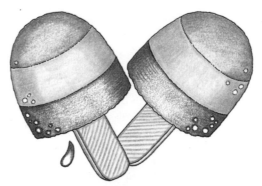

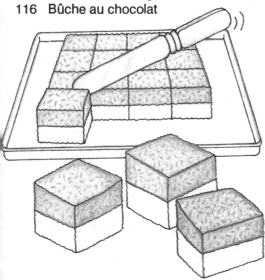

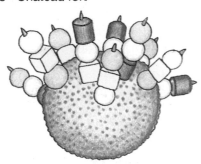

Code du cuisinier

Sécurité d'abord

Faire la cuisine est très amusant, mais lorsque l'on n'est pas prudent, cela peut aussi être très dangereux. La sécurité est importante, alors rappelez-vous ces quelques règles:

1. Ne commencez *jamais* à faire la cuisine sans la présence d'un adulte.

2. Ne touchez *jamais* à la cuisinière ou à un autre appareil électrique sans permission.

3. Demandez *toujours* à un adulte d'allumer le four et d'y mettre et d'en sortir les plats pour vous.

4. Soyez *toujours* très prudent avec les couteaux. Un simple couteau de table devrait vous suffire.

5. Fermez *toujours* les armoires et les tiroirs après y avoir pris quelque chose, pour éviter de s'y heurter.

6. Essuyez *toujours* tout de suite tout ce que vous avez renversé, car quelqu'un pourrait glisser.

A faire et à ne pas faire

Oui:

– Lavez-vous toujours les mains avant de commencer à cuisiner.

– Attachez les cheveux longs.

– Portez un tablier.

– Utilisez une planche pour couper, jamais le dessus du comptoir ou de la table.

– Tamisez la farine et le sucre à glacer avant de les utiliser.

– Gardez la surface de travail aussi propre que possible tout en travaillant.

– Lorsque vous avez terminé, lavez tout ce que vous avez utilisé et laissez la cuisine propre et en ordre.

– Travaillez rapidement lorsque vous utilisez de la glace.

Non:

– Pas d'animaux dans la cuisine lorsque vous cuisinez.

– Ne mesurez pas à peu près les quantités pour une recette.

– Ne manipulez pas trop les aliments.

Comment procéder

Lorsque que vous avez choisi une recette, il est important de la suivre à la lettre. Lisez d'abord toutes les instructions et regardez les dessins. Consultez la liste des ingrédients nécessaires.

Après avoir lu la recette jusqu'au bout, sortez les ingrédients. Alignez-les sur la surface de travail dans l'ordre d'utilisation. Ainsi, vous serez sûrs de ne pas en oublier. Lavez toujours les fruits et les légumes qui ne seront pas pelés.

Ensuite, vérifiez la liste des ustensiles dont vous aurez besoin et rassemblez-les. N'oubliez pas de prendre la balance de cuisine et le verre gradué pour mesurer.

C'est aussi le bon moment pour demander de l'aide à un adulte, tel que suggéré dans la recette. Par exemple, pour ouvrir une boîte de conserve, cuire un œuf, régler le four ou pour quoi que ce soit d'autre.

Quand tout est fait, vous êtes prêt à commencer. Procédez exactement selon la méthode indiquée, et dans le même ordre. Comparez au fur et à mesure les résultats que vous obtenez avec les dessins du livre.

Termes et mesures

Les ingrédients

Les termes utilisés dans ce livre peuvent être différents selon les pays. Ainsi, la *glace* se dit aussi *crème glacée* et la *levure chimique, levure alsatienne* ou *poudre à pâte.* Les *biscuits* sont aussi appelés *gâteaux secs* ou *«cookies».* Les *bâtonnets de cocktail* sont aussi connus sous le nom de *pique-apéritif* et le *verre gradué,* sous le nom de *tasse à mesurer.* Enfin, le *gruyère* peut être remplacé par du *cheddar,* le *fromage cottage* par du *fromage blanc* et le *cake* ou le *gâteau Jamaïque* par un *gâteau* ordinaire.

La balance de cuisine

La balance est utilisée pour mesurer les ingrédients secs comme la farine, le sucre et le riz. On l'utilise aussi pour les ingrédients solides comme le beurre, le fromage, la viande, etc. On peut aussi peser des liquides épais comme du sirop ou du miel.

Le verre gradué

Grâce à ses différentes échelles, le verre gradué sert à mesurer les liquides (eau, lait, jus) et certains solides (sucre, farine, riz, cacao, semoule). Lorsque vous l'utilisez, posez-le d'abord sur une surface plate avant de commencer à le remplir, pour ne pas le renverser.

Les cuillères

Pour de petites quantités, on mesure à la cuillère à soupe ou à la cuillère à café.

Pour les ingrédients secs, la cuillerée doit être comble, c'est-à-dire qu'il y a une quantité égale au-dessus et au-dessous du bord de la cuillère. Lorsqu'on indique une cuillerée rase, il faut égaliser le contenu avec le bord à l'aide d'un couteau.

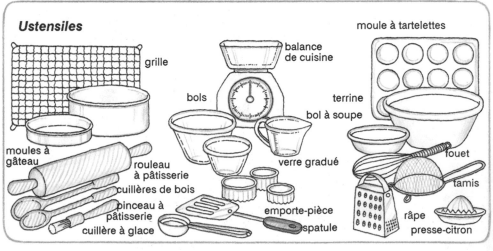

Ustensiles

grille — moule à tartelettes — balance de cuisine — bols — terrine — bol à soupe — moules à gâteau — rouleau à pâtisserie — cuillères de bois — pinceau à pâtisserie — cuillère à glace — verre gradué — emporte-pièce — spatule — fouet — tamis — râpe — presse-citron

Cuisiniers en herbe

Soupe des Mille Îles

Il vous faudra:

3 branches de céleri
1 morceau de concombre de 4cm
2 tomates
2 oignons verts (facultatif)
600ml de jus de tomate
le jus d'un demi-citron
1/2 cuillerée à café de sauce
Worcestershire
2 ou 3 brins de persil

Pour 4 personnes

Ustensiles:

un couteau
une soupière ou une terrine
un verre gradué
un presse-citron
une cuillère à soupe

2 Pressez le citron. Mesurez le jus de tomate et ajoutez le jus de citron et la sauce Worcestershire. Mélangez.

3 Versez le jus de tomate sur les légumes dans la soupière. Mettez au réfrigérateur une heure. Avant de servir, parsemez des petits morceaux de persil sur la soupe.

1 Coupez en petits dés le céleri, le concombre, les tomates et les oignons verts, puis déposez-les dans la soupière.

Yogourt épicé

Il vous faudra:

150g de yogourt nature
1 cuilllerée à café de sel de céleri
1 cuillerée à café de paprika
poivre noir
1 pincée de mélange exotique (clous ronds, cannelle, gingembre)
500ml de lait
2 ou 3 brins de persil

Pour 4 personnes

Ustensiles:

une terrine
une cuillère de bois
un fouet
un couteau
4 tasses

2 Ajoutez le lait et battez le mélange au fouet. Versez dans les 4 tasses et mettez au réfrigérateur une heure.

3 Hachez finement le persil et parsemez-le sur le yogourt juste avant de servir.

1 Mettez le yogourt dans la terrine et ajoutez-y le sel de céleri, le paprika, le poivre et les épices. Mélangez bien.

15

Triangles à la marmelade

Il vous faudra:

50g de beurre
2 cuillerées à soupe de marmelade
8 tranches de pain de mie

Pour 16 petits sandwiches

Ustensiles:
une terrine
une cuillère à soupe
un couteau

2 Mélangez bien le beurre et la marmelade pour obtenir une pâte lisse.

3 Divisez le mélange en 4 et tartinez-en 4 tranches de pain de mie.

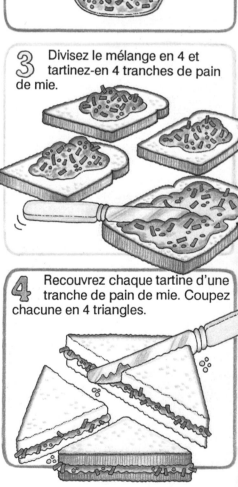

1 Mettez le beurre dans la terrine et ajoutez la marmelade.

4 Recouvrez chaque tartine d'une tranche de pain de mie. Coupez chacune en 4 triangles.

Canapés de la mer

Il vous faudra:

1 boîte de sardines en sauce tomate
75g de fromage blanc (à la crème)
1 cuillerée à soupe de jus de citron
sel
poivre
cresson
8 tranches de pain de mie

Pour 24 canapés

Ustensiles:
une fourchette
une terrine
une cuillère à soupe

Demandez d'abord à un adulte d'ouvrir la boîte de conserve.

2 Ajoutez le fromage blanc, le jus de citron, sel et poivre. Mélangez pour obtenir une pâte bien lisse.

1 Mettez les sardines et leur sauce tomate dans la terrine et écrasez-les bien ensemble à la fourchette.

Suggestion de présentation:

Faites griller le pain. Étendez le mélange sur les toasts encore tièdes. Coupez chaque tranche en trois et décorez avec un peu de cresson.

17

Salade germée

Il vous faudra:

1 cuillerée à café de graines de moutarde et de cresson
1 cuillerée à soupe rase de haricots secs (soja, mung) non cuits
1 cuillerée à soupe rase de lentilles entières non cuites

Ustensiles:

3 bocaux de 450g vides de confiture
3 carrés d'étamine ou de coton de 12cm x 12cm
3 élastiques

2 Remplissez les bocaux d'eau froide à travers l'étamine, puis renversez-les pour laisser l'eau s'écouler.

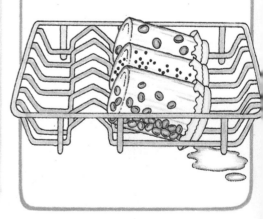

1 Tôt le matin, placez chaque cuillerée dans un bocal que vous recouvrirez d'un carré d'étamine fixé par un élastique.

3 Remplissez de nouveau les bocaux d'eau froide, puis agitez-les et videz-les. Lorsqu'il n'y a plus d'eau, déposez-les sur la partie inclinée d'un égouttoir à vaisselle, avec le fond du bocal un peu plus haut que l'ouverture.

4 Dans la soirée, remplissez de nouveau les bocaux d'eau froide. Égouttez-les et replacez-les.

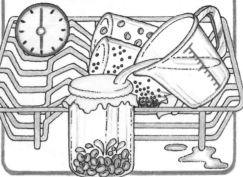

5 Durant les 4 ou 5 jours suivants, remplissez les bocaux d'eau froide matin et soir, en les égouttant à chaque fois.

6 La moutarde et le cresson ont de bonnes pousses après 4 ou 5 jours. Les lentilles et les haricots prennent 5 ou 6 jours.

7 Lorsque les pousses sont prêtes, enlevez les élastiques et l'étamine, et retirez les pousses.

8 Vous pouvez manger vos salades tout de suite ou les ranger dans un contenant au réfrigérateur.
N'oubliez aucun des arrosages ni des égouttages!

Salade à la chinoise

Il vous faudra:

100g de chou
2 carottes
1/2 petit poivron vert
100g de jambon ou de poulet cuit
100g de haricots secs germés
2 cuillerées à soupe de mayonnaise

Pour 4 personnes

Ustensiles:

un couteau
une fourchette
un saladier

2 Enlevez les graines et les parties blanches du poivron. Coupez la partie verte en minces languettes et mettez dans le saladier.

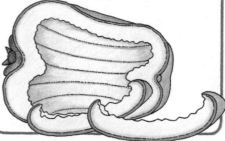

3 Coupez le jambon (ou le poulet) en languettes égales à celles du poivron et mettez-les dans le saladier, ainsi que les fèves germées et la mayonnaise.

1 Coupez le chou et les carottes en fines lamelles et mettez-les dans un saladier.

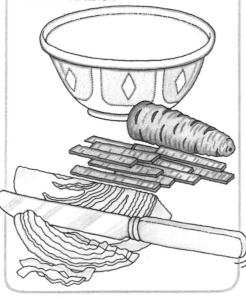

4 Tournez la salade avec une fourchette et servir.

Famille Souris

Il vous faudra:

4 œufs cuits dur et écaillés
4 tranches épaisses de salami ou
de mortadelle
1 brin de persil
8 raisins secs
fromage et cresson

Pour 4 souris

Ustensiles:

un couteau
une assiette foncée

2 Coupez le salami ou la mortadelle en 4 languettes pour faire les queues et 8 triangles pour les oreilles. Séparez le persil en 4 morceaux pour les nez.

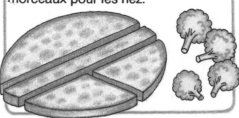

1 Enlevez une mince tranche du côté de chaque œuf pour le faire tenir droit sans rouler.

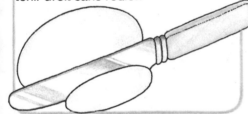

3 Entaillez chaque œuf du côté du petit bout et insérez les oreilles et le nez. Utilisez les raisins secs pour les yeux. Entaillez à l'autre bout et insérez la queue.

4 Déposez les souris sur l'assiette et décorez de petits morceaux de fromage et de cresson.

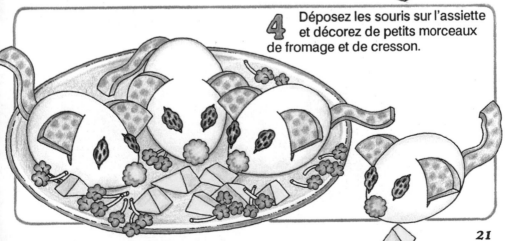

21

Roulés de jambon surprise

Il vous faudra:

1 boîte de macédoine de légumes
150g de fromage cottage
1 grosse tomate
sel et poivre
1/2 cuillerée à café de ketchup
8 radis ronds
8 tranches de jambon
cresson

Pour faire 8 rouli-roulants

Ustensiles:

une terrine
un couteau
une fourchette
une cuillère à café

Demandez d'abord à un adulte d'ouvrir la boîte de conserve.

2 Coupez finement la tomate et ajoutez-la au fromage avec sel, poivre et ketchup. Mélangez bien à la fourchette.

3 Lavez les radis et coupez les bouts. Coupez les radis en 2.

1 Déposez à la cuillère le fromage cottage dans la terrine.

4 Coupez chaque tranche de jambon en forme de grand rectangle.

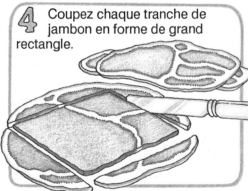

5 Déposez une tranche de jambon sur une surface plate et mettez une cuillerée du mélange fromage-tomate dans un coin. Puis, un demi-radis, une cuillerée de macédoine, un autre demi-radis et pour finir, une autre cuillerée du mélange fromage-tomate.

6 Enroulez doucement le jambon autour de sa farce et déposez sur un plat de service.

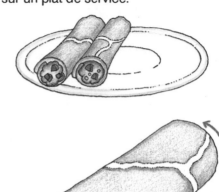

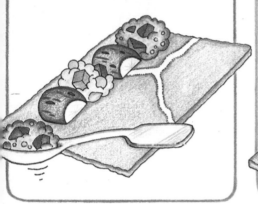

7 Répétez les opérations 5 et 6 pour toutes les tranches de jambon. Décorez de cresson et servez immédiatement.

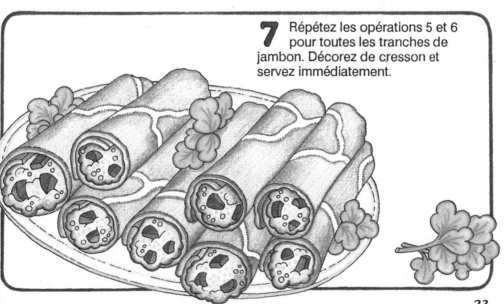

Humpty Dumpty sur le mur

Il vous faudra:

1 œuf cuit dur et écaillé
1 tranche épaisse de pain de mie
beurre
1 morceau de concombre de 6cm
3 raisins secs
1 tranche de jambon
2 feuilles de laitue

Pour faire 1 Humpty Dumpty pour 1 personne

Ustensile:

un couteau

Demandez d'abord à un adulte de cuire l'œuf.

2 Tranchez le concombre en longueur et formez 6 morceaux de la même grandeur que les briques de pain.

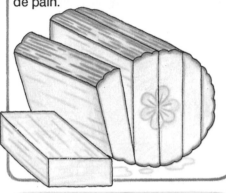

3 Coupez une tranche du gros bout de l'œuf pour qu'il se tienne bien debout.

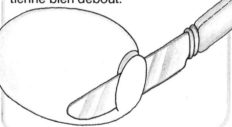

1 Enlevez la croûte du pain de mie et tartinez-le de beurre. Coupez le pain en 2, puis chaque demie en 3 morceaux qui serviront de briques.

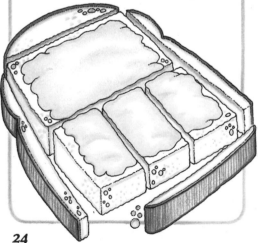

4 Entaillez l'œuf pour les yeux, le nez et la bouche. Placez des raisins dans les fentes des yeux et du nez et un peu de jambon pour la bouche.

5 Déposez la tranche de jambon sur une assiette et mettez-y 2 morceaux de pain en ligne droite et un morceau de concombre derrière, bien au centre.

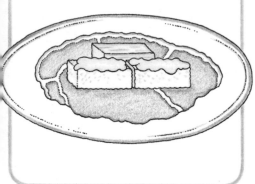

7 Mettez l'œuf Humpty Dumpty au sommet du mur.

8 Coupez les feuilles de laitue en fines languettes que vous disposerez au pied du mur pour amortir la chute de Humpty Dumpty!

6 Construisez le mur en plaçant des briques de concombre sur les briques de pain, et des briques de pain sur les briques de concombre en faisant quatre épaisseurs.

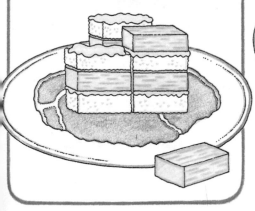

Portrait de famille

Il vous faudra:

12 crackers ronds
beurre
50g de pâté de foie
lait
1 cuillerée de mayonnaise
1 cuillerée de pâte de tomate

Pour 12 crackers

Ustensiles:

un couteau
3 papiers cirés mesurant au moins
20cm x 40cm
une paire de ciseaux
une cuillère à soupe
une cuillère à café

1 Tartinez les crackers de beurre et mettez-les de côté.

2 Coupez 3 demi-cercles de papier ciré mesurant 40cm de diamètre.

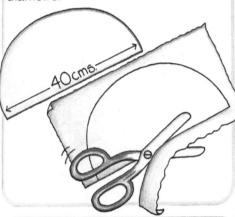

3 Mélangez le pâté avec un peu de lait jusqu'à consistance crémeuse.

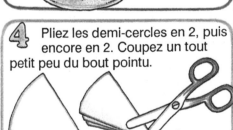

4 Pliez les demi-cercles en 2, puis encore en 2. Coupez un tout petit peu du bout pointu.

5 Ouvrez les papiers pour former trois cônes et remplissez-en un de la moitié du pâté pour commencer.

6 Remplissez un autre cône de mayonnaise et un 3e de pâte de tomate, fermez les cones en les pliant.

7 Décorez avec le pâté en pressant le cône. Dessinez le contour des visages et utilisez aussi pour les cheveux foncés des membres de la famille.

8 Utilisez la mayonnaise pour les cheveux clairs, les joues et les nez. Utilisez la pâte de tomate pour les yeux et les bouches.

Charlotte des Antilles

Il vous faudra:

1 petite boîte de mandarines
1 gâteau Jamaïque ou au gingembre
1 paquet de crème au caramel au
beurre («butterscotch»)
500ml de lait
1 paquet de pastilles de chocolat

Pour une grande charlotte

Ustensiles:

un couteau
deux terrines
un fouet

**Demandez d'abord à un adulte
d'ouvrir la boîte de conserve.**

2 Versez le contenu de la boîte de mandarines sur le gâteau, et répartissez les fruits également.

3 Préparez la crème avec le lait, tel qu'indiqué sur le paquet, puis mettez-la sur la charlotte.

1 Coupez le gâteau en tranches et disposez au fond de la terrine.

4 Décorez de pastilles de chocolat

Milk-shake à la banane

Il vous faudra:

250ml de lait
2 cuillerées à café de cassonade
1 banane mûre

Pour un milk-shake

Ustensiles:

un verre gradué
une fourchette et une cuillère
un mixer électrique ou un fouet
un grand verre

2 Épluchez et écrasez la banane, puis ajoutez-la au lait sucré.

1 Mesurez le lait et ajoutez la cassonade. Remuez pour dissoudre complètement.

3 Fouettez le mélange pendant une minute. Versez dans un grand verre.

Limonade mousse

Il vous faudra:

4 boules de glace à la vanille
4 cuillerées à soupe de concentré de jus de citron vert
600ml de limonade gazeuse

Pour 4 personnes

Ustensiles:

une cuillère à glace ou une cuillère à soupe
4 grands verres
8 pailles

1 Mettez une boule de glace au fond de chaque verre.

2 Mettez une cuillerée de jus de citron vert sur chaque boule de glace.

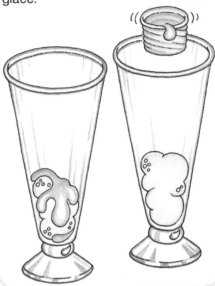

3 Versez la limonade gazeuse également dans chaque verre. Ajoutez 2 pailles et servez.

Glaces à l'eau

Il vous faudra:

1 cuillerée à soupe de sirop de cassis mêlé à 3 cuillerées à soupe d'eau
1 cuillerée à soupe de jus de citron vert mêlé à 3 cuillerées à soupe d'eau
1 cuillerée à soupe de sirop d'orange mêlé à 3 cuillerées à soupe d'eau

Pour 4 glaces à l'eau

Ustensiles:

une cuillère à soupe
4 coquetiers
4 bâtonnets de glace à l'eau de 8cm

1 Mettez une cuillerée du mélange au sirop de cassis au fond de chaque coquetier. Mettez un bâton dans chacun et déposez-les au congélateur pour une heure jusqu'a ce que ce soit bien pris.

2 Ajoutez ensuite une cuillerée du mélange de jus de citron vert dans chaque coquetier et remettez au congélateur pour une heure.

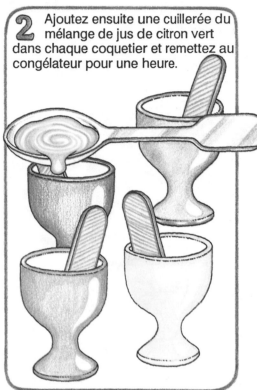

3 Ajoutez enfin le mélange à l'orange et remettez au congélateur. Les glaces à l'eau seront prêtes au bout d'une heure.

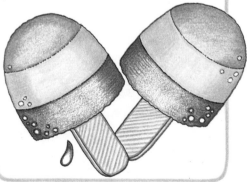

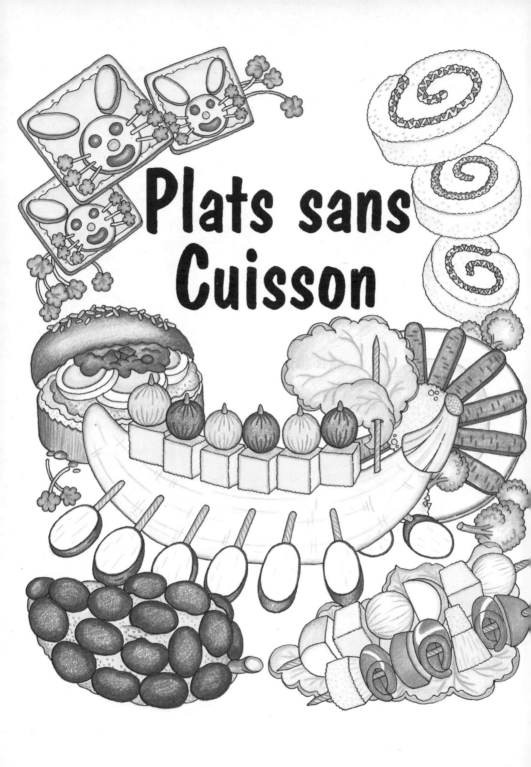

Plats sans Cuisson

Soupe grecque au yogourt

Il vous faudra:

1 morceau de concombre de 15 cm
2 ou 3 tiges de menthe
1 cuillerée à soupe de raisins secs
350g de yogourt nature
5 cuillerées à soupe de lait
sel
poivre
glaçons

Pour 4 personnes

Ustensiles:

une râpe
un couteau
une terrine ou une soupière

2 Hachez la menthe et les raisins, et ajoutez au concombre.

3 Versez lait et yogourt dans la terrine. Salez et poivrez. Mettez au réfrigérateur une heure.

1 Râpez le concombre et mettez-le dans la terrine.

4 Juste avant de servir, ajoutez des glaçons à la soupe.

«Burgers» au thon

Il vous faudra:

1 boîte de 150g de thon
1 cuillerée à soupe de mayonnaise
sel et poivre
2 œufs cuits dur et écaillés
4 cuillerées à café d'achars
américains (relish)
4 pains à hamburger au sésame
beurre

pour 4 burgers

Ustensiles:

un bol
une fourchette
un coupe-œuf
une cuillère à café
un couteau

**Demandez d'abord à un adulte
d'ouvrir la boîte de conserve et de
cuire les œufs.**

1 Égouttez le thon dans la boîte de conserve, puis mettez-le dans le bol. Mélangez le thon à la fourchette avec la mayonnaise, sel et poivre.

2 Coupez les œufs durs en tranches.

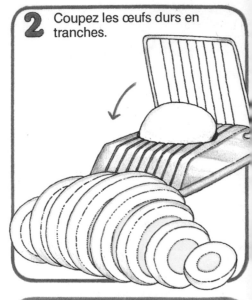

3 Séparez les pains en 2 et beurrez-les. Tartinez du mélange de thon chaque moitié du bas des pains. Mettez dessus des tranches d'œufs et une cuillerée d'achars. Recouvrez de l'autre moitié des pains.

Galettes lapins

Il vous faudra:

12 crackers
beurre
6 tranches de fromage
1 tube de pâte de tomate
1 cuillerée à café de mayonnaise
cresson

Pour 12 galettes

Ustensiles:

un couteau
une cuillère à café

1 Beurrez les crackers.

2 Taillez dans chaque tranche de fromage 4 oreilles ovales et 4 têtes rondes de 3cm de largeur.

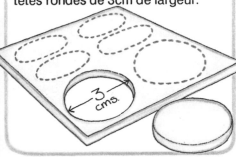

3 Placez une tête et 2 oreilles sur chaque cracker.

4 Décorez avec la pâte de tomate pour les yeux et la bouche, la mayonnaise pour le nez et du cresson pour les moustaches.

Sandwiches roulés

Il vous faudra:

225g de fromage blanc (à la crème)
2 ou 3 cuillerées à soupe de lait
1 cuillerée à café de paprika
*1 cuillerée à café de romarin, thym,
estragon ou autre*
*6 grandes tranches de pain de mie
très frais*

Pour 30 sandwiches roulés

Ustensiles
2 bols
une fourchette
un couteau

1 Mettez le fromage blanc dans un bol et mélangez-le avec avec 2 cuillerées à soupe de lait.Si le mélange est trop épais, ajoutez-y le reste du lait.

2 Séparez le mélange de fromage dans 2 bols. Mélangez à l'un le paprika et à l'autre votre herbe préférée.

3 Enlevez les croûtes du pain et tartinez 3 tranches avec chacun des mélanges au paprika et aux herbes.

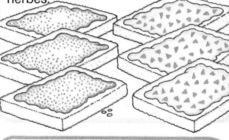

4 Enroulez délicatement chaque tranche de pain en pressant bien le bord pour fermer. Mettez au réfrigérateur, bien couverts, pendant une heure. Avant de servir, coupez chaque rouleau en 5 sandwiches.

Poisson-fromage

Il vous faudra:

250g de gruyère
1 morceau de concombre de 4cm
2 tomates
75g de fromage blanc (à la crème)
1 cuillerée à soupe de mayonnaise
sel et poivre

Pour faire un grand poisson moulé

Ustensiles:

une râpe
une terrine
un bol
un couteau
une fourchette
une cuillère à soupe
un moule en forme de poisson

2   Mettez le fromage blanc dans un bol. Mélangez avec la mayonnaise pour faire une crème onctueuse. Ajoutez-la dans la terrine en remuant. Salez et poivrez.

1   Râpez le concombre et le gruyère dans la terrine. Coupez la tomate en petits morceaux et mettez dans la terrine.

3   Déposez le mélange à la cuillère dans le moule et réfrigérez pendant 2 heures. Démoulez et servez. **Note:** *un moule d'une autre forme ferait tout aussi bien l'affaire.*

Baguette fleurie

Il vous faudra:

1 petite baguette (de 40cm environ)
beurre
1 petite boîte de «corned beef»
6 ou 8 branches de cresson
1 cuillerée à café de chutney
1 cuillerée à café de mayonnaise
1 boîte de 270g de haricots en sauce
tomate (fèves au lard)
2 tomates
6 feuilles de laitue

Pour faire 1 baguette fleurie pour 4 personnes

Ustensiles:

un couteau
une cuillère à soupe
2 bols

Demandez d'abord à un adulte d'ouvrir les boîtes de conserve.

2 Beurrez l'intérieur de la baguette et mettez de côté.

3 Coupez le «corned beef» en petits morceaux et mettez-le dans un bol.

1 Coupez la baguette en 2 en longueur et enlevez à la cuillère une partie de la mie.

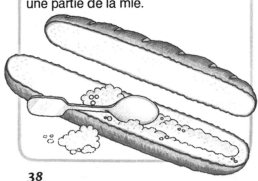

4 Hachez le cresson et ajoutez-le au «corned beef» avec le chutney et la mayonnaise. Mélangez.

5 Déposez les haricots dans un bol.

6 Coupez les tomates finement et mélangez aux haricots.

7 Déchirez la laitue en petites feuilles et tapissez-en la baguette.

8 Déposez sur la laitue des cuillerées des mélanges de bœuf-cresson et de haricots-tomates en alternant. Recouvrez du dessus de la baguette. Pour servir, coupez la baguette en 4.

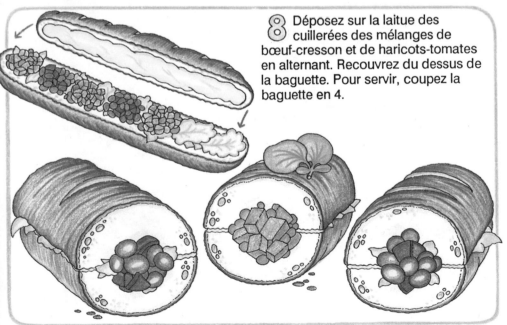

Drakkar aux fruits

Il vous faudra:

1 banane
jus de citron
50g de mozzarella ou de gruyère
3 raisins verts
3 raisins noirs
1 feuille de laitue
4 ou 5 petits radis

Pour faire un drakkar

Ustensiles:

des ciseaux
un couteau
19 bâtonnets de cocktail

1 Épluchez la banane et gardez la pelure. Coupez une mince tranche sous la banane pour qu'elle se tienne bien droit et aspergez de jus de citron pour l'empêcher de brunir.

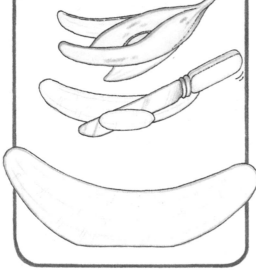

2 Coupez le bout de la pelure et remettez-le sur la banane en guise de proue.

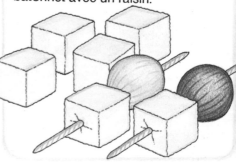

3 Taillez le fromage en 6 petits cubes. Piquez chacun sur un bâtonnet avec un raisin.

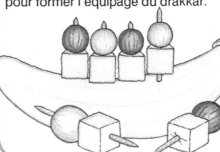

4 Enfoncez chaque bâtonnet à la verticale le long de la banane, en alternant la couleur des raisins, pour former l'équipage du drakkar.

5 Piquez un autre bâtonnet dans la feuille de laitue et enfoncez cette voile à l'avant du bateau.

6 Coupez les radis en tranches. Piquez chacune d'un bâtonnet pour faire les rames, 12 en tout.

7 Enfoncez les rames de chaque côté, une pour chaque Viking.

Salade mimosa

Il vous faudra:

2 œufs
1 petite laitue
persil
4 cuillerées à soupe de mayonnaise

Pour 4 salades mimosa

Ustensiles:

un couteau
un tamis
un soucoupe
4 bols à salade
une cuillère à soupe

Demandez d'abord à un adulte de cuire les œufs.

1 Lorsque les œufs sont refroidis, coupez-les en 2 et séparez les jaunes des blancs. Hachez le blanc et mettez de côté. Passez les jaunes à travers un tamis dans une soucoupe.

2 Lavez les feuilles de laitue, égouttez-les et déchirez-les en petits morceaux. Hachez le persil.

3 Mettez la laitue dans les 4 bols et déposez dans chacun une cuillerée à soupe de mayonnaise.

4 Mettez les blancs d'œuf autour de la mayonnaise. Parsemez le dessus de jaunes d'œuf écrasés. Décorez de persil haché. Ces salades ressemblent à des fleurs de mimosa.

Salade nénuphar

Il vous faudra:

100g de raisin noir
1/2 laitue
1 cuillerée à soupe de mayonnaise

pour 4 salades nénuphar

Ustensiles:

un couteau
une cuillère à soupe
une cuillère à café
4 bols

1 Coupez les raisins en 2. Enlevez les pépins.

2 Lavez la laitue et égouttez-la bien. Tapissez les 4 bols de feuilles de laitue.

3 Séparez les demi-raisins en 4 portions et mettez dans les bols. Placez le côté coupé des raisins vers le haut.

4 Avec le manche de la cuillère à café, mettez un peu de mayonnaise sur chaque demi-raisin. Ces salades ressemblent à des nénuphars sur leurs feuilles.

Grappe de raisin

Il vous faudra:

150g de fromage blanc (à la crème)
4 cuillerées à soupe de crème
fraîche ou de yogourt nature
sel et poivre
250g de raisin noir ou vert
2 poires mûres

Pour 4 grappes de raisin

Ustensiles:

un bol
une fourchette
un couteau
un plat de service

2 Coupez les raisins en 2 et enlevez les pépins. Gardez les queues.

3 Coupez les poires en 2 et pelez-les. Enlevez les cœurs et mettez un demi-raisin à leur place. Déposez les poires sur le plat.

1 Mettez le fromage blanc dans le bol avec la crème ou le yogourt, sel et poivre. Mélangez bien à la fourchette.

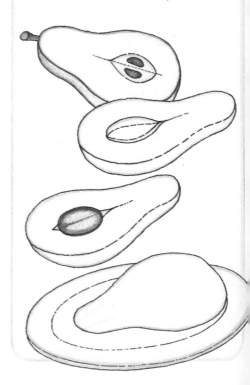

4 Étalez sur chaque demi-poire un quart du mélange au fromage en suivant la forme de la poire.

5 Placez les demi-raisins en rangées sur le fromage blanc. Avec tous les raisins en place, la poire ressemblera à une grappe de raisin.

6 Pour finir, enfoncez une queue de raisin dans le gros bout de la poire. Servez tout de suite ou mettez d'abord au réfrigérateur une heure.

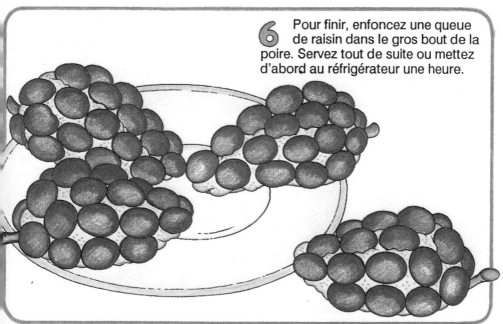

Salade autrichienne

Il vous faudra:

4 chipolatas ou saucisses de Francfort
100g de fromage fumé autrichien
1 pomme verte pelée
1 pomme rouge pelée
le jus d'un citron
2 cuillerées à soupe d'huile à salade
4 petits cornichons
4 branches de céleri
2 tomates
feuilles de laitue

Pour 4 personnes

Ustensiles:

un couteau, une cuillère à soupe
une terrine ou un saladier
4 bols à salade
4 autocollants et 1 crayon rouge
4 bâtonnets de cocktail

1 Tranchez les saucisses très minces et mettez dans une terrine.

2 Coupez le fromage en petits cubes et ajoutez aux saucisses.

3 Coupez les pommes en 4, enlevez les cœurs et coupez en cubes. Mettez dans la terrine.

4 Ajoutez le jus de citron et l'huile. Mélangez bien.

5 Coupez les cornichons et le céleri très fin et mettez dans la terrine.

7 Tapissez les 4 bols à salade de feuilles de laitue et déposez un quart du mélange dans chaque bol. Placez les demi-tranches de tomate tout autour.

6 Tranchez les tomates et coupez en 2. Déchirez les feuilles de laitue.

8 Faites 4 drapeaux autrichiens en traçant 2 bandes rouges sur les autocollants. Fixez-les ensuite aux bâtonnets et piquez dans les salades.

Salade soleil

Il vous faudra:

1 œuf cuit dur et écaillé
1 carotte moyenne
1 cuillerée à café d'huile à salade
1 demi-pêche

Pour 1 salade soleil

Ustensiles:

un tamis
2 soucoupes
un couteau
une râpe
un bol
une petite assiette

Demandez d'abord à un adulte de cuire l'œuf.

2 Râpez la carotte dans un bol. Ajoutez l'huile et mélangez bien.

3 Mettez la demi-pêche au centre d'une assiette et entourez-la de la carotte râpée.

1 Coupez l'œuf en 2. Passez à travers le tamis le jaune, puis le blanc dans 2 soucoupes.

4 Disposez autour de la carotte le jaune d'œuf écrasé, puis autour du jaune, le blanc d'œuf écrasé. Cette salade ressemble à un soleil avec ses rayons.

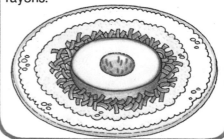

Fleur de Tournesol

Il vous faudra:

1 œuf cuit dur, écailllé
2 carotttes
1 cuillerée à café d'huile à salade
quelques brins de persil

Pour une fleur

Ustensiles:

un couteau
une assiette plate

Demandez d'abord à un adulte de cuire l'œuf.

1 Coupez l'œuf refroidi en 2 et séparez le jaune du blanc. Hachez les deux séparément.

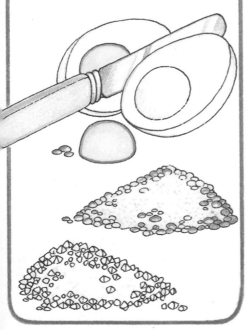

2 Tranchez 12 lamelles de carottes assez minces, et arrondissez les bouts pour qu'elles ressemblent à des pétales.

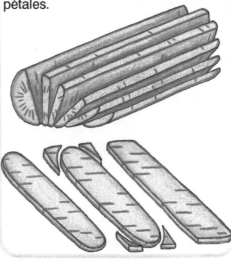

3 Mettez le jaune d'œuf haché au centre d'une assiette plate. Entourez-le des pétales de carottes, et faites la tige avec le hachis du blanc d'œuf. Décorez avec du persil pour faire les feuilles, et servez tout de suite.

Brochettes hawaïennes

Il vous faudra:

3 tranches de bacon ou de jambon
2 rondelles d'ananas
1/2 poivron vert
1 pomme
50g de gruyère ou de mozzarella
12 petits oignons marinés
laitue

Pour 12 brochettes

Ustensiles:

un couteau
12 brochettes en bois
un grand plat de service

Demandez d'abord à un adulte de cuire le bacon et d'ouvrir la boîte de conserve.

1 Coupez le jambon ou le bacon frit en 18 petits morceaux.

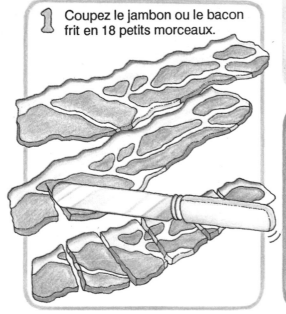

2 Coupez les rondelles d'ananas en 6 morceaux.

3 Enlevez les graines et le blanc du poivron vert et coupez-le en 12 morceaux.

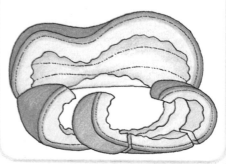

4 Coupez la pomme en demies et enlevez le cœur. Coupez en 12.

5 Coupez le fromage en 12 cubes et placez tous les ingrédients en piles.

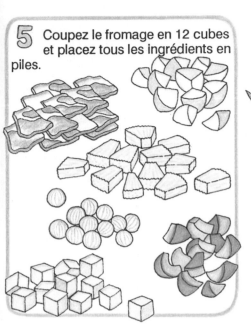

7 Préparez les 6 autres brochettes ainsi: pomme, fromage, oignon, pomme, fromage et oignon.

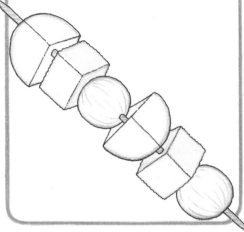

6 Préparez 6 brochettes en enfilant les morceaux suivants dans cet ordre: ananas, bacon ou jambon, poivron vert, bacon ou jambon, ananas, bacon ou jambon et poivron vert.

8 Disposez la laitue sur le plat de service et mettez les brochettes dessus.

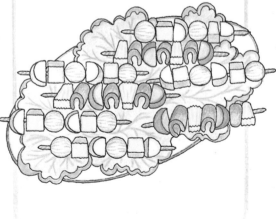

51

Œufs farcis

Il vous faudra:

4 œufs cuits dur et écaillés
6 cuillerées à café de mayonnaise
2 ou 3 brins de persil
1/2 cuillerée à café de curry
4 ou 5 tiges de cresson

Pour 8 demi-œufs farcis

Ustensiles:

un couteau
une fourchette
une cuillère à café
2 bols
un plat de service

Demandez d'abord à un adulte de cuire les œufs. Laissez-les refroidir.

1 Coupez les œufs en 2. Enlevez les jaunes et mettez-les dans un bol. Disposez les blancs sur un plat.

2 Écrasez les jaunes d'œuf à la fourchette et ajoutez la mayonnaise. Divisez le mélange en 2.

3 Hachez le persil et mélangez au contenu du bol. Mélangez le curry au contenu de l'autre bol.

4 Déposez à la cuillère le mélange au persil et au curry chacun dans 4 blancs d'œuf. Décorez de cresson.

Gâteries
d'après-midi

Rochers à la noix de coco

Il vous faudra:

225g de noix de coco séchée
1 boîte de 387g de lait condensé
sucré

Pour 12 ou 14 petits gâteaux

Ustensiles:

une terrine
une cuillère à soupe
une plaque à pâtisserie
une spatule, une grille

Demandez d'abord à un adulte de régler le four à 4 (120°C/325°F) et d'ouvrir la boîte de conserve.

2 Mettez la noix de coco et le lait condensé dans la terrine. Mélangez bien à la cuillère.

1 Enduisez d'huile la plaque à pâtisserie et saupoudrez de farine. Répartissez également et faites tomber le surplus.

3 Déposez des cuillerées de la pâte sur une plaque en formant des rochers pointus. Demandez à un adulte de mettre au four 30 minutes jusqu'à ce que les sommets soient dorés. Avec une spatule, mettez les rochers sur une grille pour les faire refroidir.

Muffins américains

Il vous faudra:

25g de beurre fondu
200g de farine de blé entier
1 cuillerée à café rase de sucre
1/2 cuillerée à café rase de sel
2 cuillerées à café rases de levure
chimique
1 œuf
150ml de lait

Pour 9 muffins

Ustensiles:

une terrine
un bol
une fourchette
une culllère à soupe
un moule à tartelettes Tefal

Demandez d'abord à un adulte de faire fondre le beurre et de régler le four à 8 (220°C/425°F).

2 Cassez l'œuf dans un bol et battez à la fourchette. Ajoutez le lait et le beurre.

3 Versez ce mélange dans la terrine et battez le tout.

1 Mettez la farine, le sucre, le sel, la levure dans la terrine.

4 Déposez des cuillerées à soupe du mélange dans les creux du moule. Demandez à un adulte de mettre au four 15 à 20 minutes. Servir avec du beurre.

Cake aux bananes

Il vous faudra:

75g de beurre ou margarine
125g de sucre
1 gros œuf
3 grosses bananes mûres
25g de noix de Grenoble
25g de raisins secs
225g de farine
1/2 cuillerée à café de sel
2 cuillerées à café de levure chimique
1 ou 2 cuillerée à soupe de lait

Pour un cake

Ustensiles:

une terrine
une cuillère de bois
une fourchette et une assiette
un couteau
un tamis
une cuillère à soupe
un moule à cake Tefal de 750g

Demandez d'abord à un adulte de régler le four à 6 (180°C/350°F).

2 Ajoutez le sucre et l'œuf et mélangez pendant 2 minutes.

3 Épluchez les bananes. Écrasez dans une assiette à la fourchette pour faire une pâte lisse.

4 Hachez les noix de Grenoble.

1 Mettez le beurre dans la terrine et mélangez à la cuillère de bois pour le rendre crémeux.

5 Incorporez les bananes dans la terrine. Puis ajoutez les noix et les raisins.

7 Déposez le mélange à la cuillère dans le moule et demandez à un adulte de mettre au four 75 à 90 minutes.

6 Tamisez la farine, le sel et la levure dans la terrine. Mélangez bien. Si nécessaire, ajoutez un peu de lait.

8 Lorsque le cake est doré sur le dessus, demandez à un adulte de le piquer pour vérifier s'il est bien cuit.

Baguette aux herbes

Il vous faudra:

2 ou 3 brins de persil
50g de beurre
1 cuillerée à café de fines herbes
1 baguette moyenne

Pour un pain

Ustensiles:

un couteau
un bol
une cuillère de bois
papier d'aluminium

Demandez d'abord à un adulte de régler le four à 8/9 (240°C/450°F).

1 Hachez le persil. Dans un bol, mélangez le beurre, le persil et les fines herbes en une pâte lisse.

2 Coupez, sans aller jusqu'au bout, des tranches épaisses dans la baguette.

3 Tartinez les tranches du beurre aux herbes.

4 Enveloppez la baguette dans l'aluminium et demandez à un adulte de la mettre au four 6 à 8 minutes pour la rendre bien dorée.

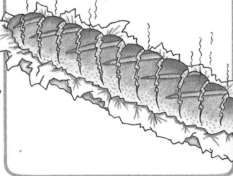

Pain express

Il vous faudra:

150g de farine de maïs ou de polenta
75g de farine
1 cuillerée à café rase de sel
2 cuillerées à café rases de levure chimique
1 œuf
200ml de lait
2 cuillerées à soupe de miel
3 cuillerées à soupe d'huile de maïs

Pour un pain express

Ustensiles:
une terrine
une cuillère à café
un bol
une fourchette
une cuillère à soupe
un moule à gâteau de 20cm x 20cm

Demandez d'abord à un adulte de régler le four à 6/7 (190°C/375°F).

1 Mettez les 2 farines, le sel et la levure dans la terrine. Mélangez bien.

2 Cassez l'œuf dans le bol et battez à la fourchette. Ajoutez le lait et le miel et mélangez pour dissoudre le miel. Ajoutez l'huile.

3 Versez le liquide du bol dans la terrine. Mélangez bien, puis versez dans le moule à gâteau. Demandez à un adulte de mettre au four environ une heure. Se mange chaud avec du beurre.

Gâteau-biscuits

Il vous faudra:

le jus d'une grosse orange
125ml de crème à fouetter
1 cuillerée à soupe de sucre
quelques gouttes d'extrait de vanille
1 paquet de grands biscuits sucrés
tranches de pâtes d'orange et de
citron

Pour un gâteau-biscuits

Ustensiles:

un bol à soupe
un bol
un fouet
un couteau
un presse-citron
une assiette

2 Versez la crème dans un bol. Ajoutez le sucre et la vanille et battez au fouet pour faire une crème Chantilly.

3 Trempez un biscuit dans le jus d'orange. Comptez jusqu'à 4 et tournez-le. Comptez encore jusqu'à 4 et sortez-le en l'égouttant.

1 Pressez l'orange, puis versez le jus dans le bol à soupe.

4 Tartinez le biscuit d'un peu de crème et déposez-le sur une assiette.

5 Trempez et tartinez tous les autres biscuits en mettant les 6 premiers en pile bien droite.

7 Lorsque tous les biscuits sont assemblés, couvrez le rouleau avec le reste de la crème Chantilly.

6 Ensuite, tournez la pile sur le côté et ajoutez les autres biscuits pour former un long rouleau.

8 Décorez avec les tranches de pâte d'orange et de citron et mettez au réfrigérateur 2 heures. Servez en coupant des tranches en diagonale.

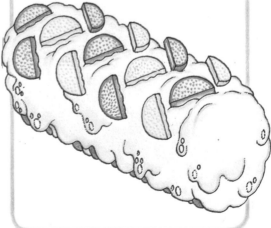

Biscuits ABC

Il vous faudra:

sucre à glacer
50g de pâte d'amandes
6 à 8 cuillerées à café rases de
confiture de framboises
6 à 8 grands biscuits

Pour 6 à 8 biscuits ABC

Ustensiles:

un rouleau à pâtisserie
un couteau
une cuillère à café

1 Saupoudrez la surface de travail de sucre à glacer et roulez la pâte d'amandes en un rectangle de 12cm x 14cm.

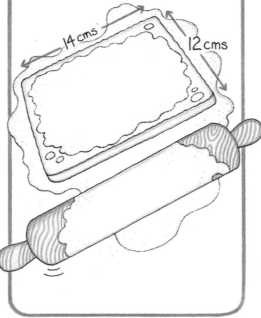

2 Coupez la pâte d'amandes en 2 et découpez 3 initiales (les vôtres ou celles de vos amis) dans chaque moitié. Roulez les retailles ensemble et découpez une ou 2 autres lettres.

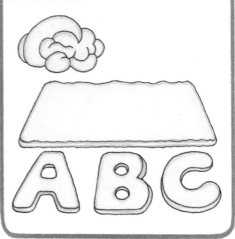

3 Tartinez chaque biscuit d'une cuillerée de confiture et collez une initiale sur chacun.

Pains cailloux

Il vous faudra:

200g de farine au levain
1 pincée de sel
75g de beurre
75g de sucre
50g de raisins secs
25g de zeste confit haché
1 œuf
1 ou 2 cuillerées à soupe de lait

Pour 10 à 12 petits pains

Ustensiles:

une terrine
un tamis
un bol
un couteau et une fourchette
une cuillère à soupe
une plaque à pâtisserie Tefal

Demandez d'abord à un adulte de régler le four à 6 (180°C/350°F).

2 Incorporez le sucre, les raisins et le zeste.

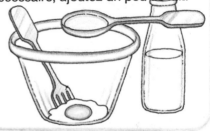

3 Cassez l'œuf dans un bol et battez-le avec une cuillerée à soupe de lait. Versez dans la terrine et mélangez à la fourchette. Si nécessaire, ajoutez un peu de lait.

1 Tamisez la farine et le sel dans la terrine. Coupez le beurre en petits morceaux et ajoutez à la farine. Avec vos doigts, incorporez le beurre à la farine jusqu'à une consistance de miettes de pain.

4 Déposez de grosses cuillerées à soupe du mélange «rocailleux» sur la plaque en laissant beaucoup d'espace entre chacune. Demandez à un adulte de mettre au four 10 à 15 minutes, ils seront alors dorés et fermes.

Gâteau d'artiste

Il vous faudra:

1 gâteau éponge
225g de sucre à glacer et
2 cuillerées d'eau chaude;
ou un paquet de glaçage fondant et
de la confiture
colorant alimentaire rouge, jaune,
bleu et vert
un peu d'eau

Pour un gâteau

Ustensiles:

un tamis, un bol, une cuillère
un rouleau à pâtisserie
une planche
un couteau
du papier et des crayons
un pinceau

1 Tamisez le sucre dans un bol et mélangez à l'eau chaude pour faire un glaçage; ou roulez le glaçage fondant.

2 Recouvrez le gâteau du glaçage; ou tartinez-le de confiture, découpez le glaçage fondant et posez-le sur le gâteau.

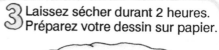

3 Laissez sécher durant 2 heures. Préparez votre dessin sur papier.

4 Tracez les contours du dessin sur le gâteau avec les colorants alimentaires.

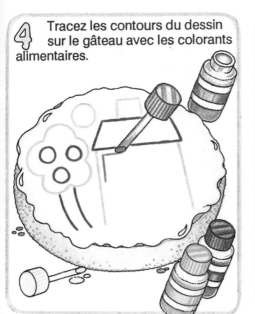

5 Remplissez la couleur au pinceau avec les colorants alimentaires purs ou dilués dans un peu d'eau.

6 Laissez sécher et présentez à la critique!

Sablés alphabet

Il vous faudra:

150g de farine
75g de sucre
1 pincée de sel
100g de beurre

Pour 10 lettres de l'alphabet

Ustensiles:

une terrine
un couteau
un rouleau à pâtisserie
une plaque à pâtisserie Tefal

Demandez d'abord à un adulte de régler le four à 6 (180°C/350°F)

2 Incorporez le beurre dans le mélange de farine et sucre avec le bout des doigts. Lorsqu'il se forme des grumeaux, commencez à pétrir la pâte en pressant avec les poings.

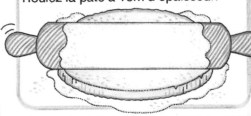

3 Faites une boule ferme avec la pâte. Saupoudrez la surface de travail de farine et mettez-y la pâte. Roulez la pâte à 1cm d'épaisseur.

1 Mélangez la farine, le sucre et le sel dans la terrine. Coupez le beurre en petits morceaux et ajoutez-le.

4 Avec un couteau, taillez les lettres dans la pâte: les parties doivent avoir au moins 1 1/2cm de largeur. Mettez les lettres sur la plaque. Utilisez les retailles pour faire 2 autres lettres. Demandez à un adulte de mettre au four 20 minutes jusqu'à ce que les lettres soient dorées. Laissez refroidir sur la plaque.

Pain de ménage

Il vous faudra:

225g de farine de blé entier
3 cuillerées à café rases de levure chimique
1 cuillerée à café rase de cassonade
1 cuillerée à café rase de sel
300ml de lait

Pour un pain

Ustensiles:

une terrine
un cuillère de bois
une plaque à pâtisserie Tefal

Demandez d'abord à un adulte de régler le four à 6/7 (190°C/375°F).

1 Mettez la farine, la levure, la cassonade et le sel dans la terrine.

2 Faites un puits au centre et versez-y le lait. Mélangez bien à la cuillère de bois.

3 Farinez vos mains et faites une boule avec la pâte. Mettez sur la plaque. Entaillez en croix le dessus du pain avec un couteau, en coupant jusqu'à la moitié de l'épaisseur de la pâte. Demandez à un adulte de mettre au four 30 minutes.

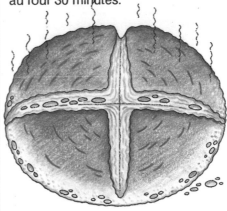

Ce pain est meilleur le jour même.

Galette de saint Nicolas

Il vous faudra:

100g de farine
25g de cassonade
1 cuillerée à café de levure chimique
1 pincée de sel
1 cuillerée à café rase de cannelle
1/4 cuillerée à café rase de muscade
1/4 cuillerée à café rase de clous ronds moulus
50g de beurre
2 cuillerées à soupe de lait
1 cuillerée à soupe d'amandes émincées

Pour une galette de 8 parts

Ustensiles:

une terrine
un couteau, une cuillère à soupe
une spatule
une plaque à pâtisserie Tefal
un pinceau à pâtisserie
une grille

Demandez d'abord à un adulte de régler le four à 6 (180°C/350°F).

1 Mélangez la farine, la cassonade, la levure et les épices dans la terrine. Coupez le beurre en petits morceaux et ajoutez.

2 Incorporez le beurre au mélange de farine avec le bout des doigts jusqu'à ce que le mélange soit granuleux.

3 Ajoutez une cuillerée à soupe de lait. Pétrissez la pâte avec les poings et faites une boule ferme.

4 Saupoudrez de farine la surface de travail et mettez-y la boule de pâte. Aplatissez-la de la main pour faire un cercle de 16cm de diamètre. Avec une spatule, déposez sur la plaque.

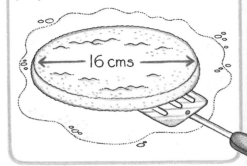

16 cms

5 Humectez le dessus de la pâte de lait et parsemez d'amandes. Enfoncez légèrement les amandes dans la surface de la galette.

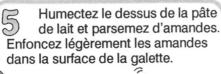

6 Demandez à un adulte de la mettre au four 25 minutes.

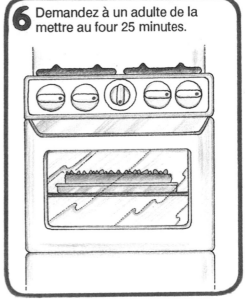

7 Lorsque c'est prêt, coupez la galette en quarts, puis chaque quart en 2. Avec une spatule, déposez sur une grille et laissez refroidir.

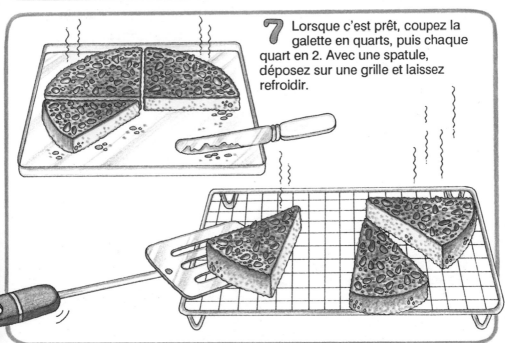

69

Papillons au chocolat

Il vous faudra:

(pour les gâteaux)
100g de beurre
100g de sucre
2 œufs
100g de farine au levain
1 cuillerée à soupe de cacao
1 cuillerée à café rase de levure
chimique
(pour le glaçage)
1 cuillerée à café de cacao
2 cuillerées à café d'eau chaude
250g de sucre à glacer
125g de beurre

Ustensiles:

une terrine
un tamis
une cuillère de bois
des cuillères à soupe et à café
un couteau, un bol
un moule à tartelettes Tefal
une grille

Demandez d'abord à un adulte de régler le four à 7 (200°C/400°F).

1 Mettez le beurre, le sucre et les œufs dans la terrine.

2 Tamisez la farine, le cacao et la levure sur le dessus.

3 Mélangez pendant 2 à 3 minutes à la cuillère de bois pour rendre lisse.

4 Déposez le mélange à la cuillère dans le moule. Demandez à un adulte de mettre au four 10 à 12 minutes jusqu'à ce que les gâteaux soient fermes et bien levés.

5 Pendant que les gâteaux sont au four, préparez le glaçage. Dans un bol, mélangez le cacao avec l'eau pour bien le dissoudre.

7 Demandez à un adulte de retirer les gâteaux du four et mettez à refroidir sur une grille. Lorsqu'ils sont froids, coupez le dessus de chacun, que vous recouperez en 2 pour faire les ailes des papillons.

6 Ajoutez le beurre et le sucre. Mélangez pour rendre lisse et crémeux.

8 Déposez un peu de glaçage sur chaque gâteau et enfoncez-y les ailes obliquement.

Brioches aux raisins

Il vous faudra:

500g de farine
150ml de lait tiède
150ml d'eau tiède
1 cuillerée à café rase de sucre
1 cuillerée à soupe rase de levure
1/2 cuillerée à café rase de cannelle
1/2 cuillerée à café rase de muscade
1/2 cuillerée à café rase de clous
ronds moulus
50g de sucre
100g de raisins secs
50g de zeste confit haché
50g de beurre
2 œufs
1 cuillerée à soupe de lait

Pour 12 petites brioches

Ustensiles:

un tamis, un bol
une cuillère à café
une cuillère à soupe
une terrine
une fourchette
une plaque à pâtisserie Tefal
une feuille de plastique, graissée
un pinceau à pâtisserie

1 Tamisez 100g de farine dans le bol avec le lait et mélangez en crème. Ajoutez le sucre et l'eau. Saupoudrez la levure sur le dessus et laissez reposer 20 minutes.

2 Tamisez le reste de la farine dans la terrine. Ajoutez épices, sucre, raisins et zeste.

3 Demandez à un adulte de faire fondre le beurre et mêlez-le au mélange de levure qui devrait être mousseux. Ajoutez un des œufs et battez le mélange à la fourchette.

4 Versez le contenu du bol dans la terrine et mélangez, d'abord à la cuillère, puis avec les doigts, pour obtenir une pâte lisse en boule.

7 Déposez, bien écartées, sur la plaque. Couvrez d'une feuille de plastique graissée et laissez lever.

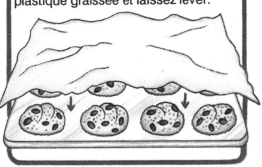

5 Saupoudrez de farine la surface de travail et placez-y la boule de pâte. Pétrissez la pâte pendant 10 minutes pour qu'elle devienne lisse et flexible.

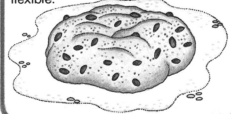

8 Demandez à un adulte de régler le four à 8 (220°C/425°F). Entaillez le dessus des brioches d'une croix.

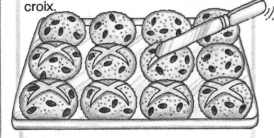

6 Séparez la pâte en 12 parties égales. Formez les brioches en ramenant les bords au centre pour que la base soit bien plate.

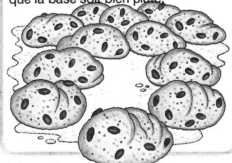

9 Battez l'autre œuf avec un peu de lait et badigeonnez-en le dessus des pains au pinceau. Demandez à un adulte de mettre au four 20 minutes environ.

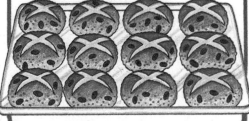

Spirales de pain d'épice

Il vous faudra:

50g de beurre
25g de cassonade
1 cuillerée à soupe de mélasse noire
1 cuillerée à café rase de gingembre moulu
1 pincée de sel
100g de farine au levain
10 noisettes ou gros raisins secs

Pour 10 spirales environs

Ustensiles:

une terrine
une cuillère à soupe
une cuillère à café
une cuillère de bois
une spatule
une plaque à pâtisserie Tefal
une grille

Demandez d'abord à un adulte de régler le four à 6 (180°C/350°F).

1 Mettez le beurre et la cassonade dans la terrine et mélangez bien à la cuillère de bois pour rendre léger et crémeux. Ajoutez la mélasse et incorporez-la à la cuillère de bois.

2 Ajoutez le gingembre, le sel et la farine. Mélangez bien, d'abord avec une cuillère à soupe, puis avec les mains.

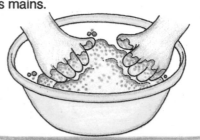

3 Lorsque c'est fait, saupoudrez de farine la surface de travail.

4 Prenez une cuillerée à café du mélange et faites une boule avec les mains. Répétez avec le reste de la pâte.

74

5 Roulez les boules en serpentins de 36cm environ.

7 Enfoncez une noisette ou un gros raisin au centre de chaque spirale. Demandez à un adulte de mettre au four (dans la partie supérieure) pendant 15 minutes.

6 Enroulez chaque serpentin pour former une spirale. Déposez la spirale sur la plaque. Enroulez le reste des serpentins et déposez-les sur la plaque.

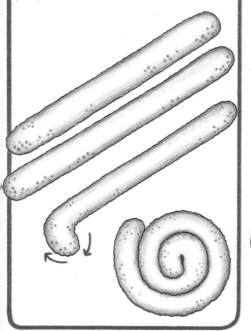

8 Lorsque les spirales sont cuites, laissez refroidir sur la plaque une ou 2 minutes, puis avec une spatule, déposez-les sur une grille.

Repas chauds et «snacks»

76

Gratin campagnard

Il vous faudra:

600g de pommes de terre
2 oignons
100g de fromage
250ml de lait
sel et poivre

Pour 4 personnes

Ustensiles:

un couteau
une râpe
un plat à gratin
une plaque à pâtisserie

Demandez d'abord à un adulte de régler le four à 6/7 (190°C/375°F).

2 Au fond du plat, mettez d'abord un étage de pommes de terre, puis un d'oignons et un de fromage. Salez et poivrez.

3 Répétez les étages et versez le lait. Demandez à un adulte de déposer le plat sur la plaque et de mettre au four une heure.

1 Pelez et tranchez les pommes de terre et les oignons. Râpez le fromage.

Gratin croustillant aux épinards

Il vous faudra:

1 boîte de 286g de soupe crème de poulet
500g d'épinards congelés
25g de fromage
1 paquet de pommes chips

Pour 4 personnes, en accompagnement de hamburgers ou de saucisses

Ustensiles:

un tamis
un bol
une râpe
une fourchette
un plat à gratin

Demandez d'abord à un adulte d'ouvrir la boîte de conserve et de régler le four à 7 (200°C/400°F). Faites dégeler les épinards et égouttez bien au tamis.

2 Déposez le mélange à la cuillère dans le plat.

3 Râpez le fromage et écrasez les chips. Parsemez sur le mélange d'épinards. Demandez à un adulte de mettre au four 20 minutes.

1 Mettez les épinards dans un bol. Ajoutez la soupe et une demi-boîte d'eau. Mélangez bien à la fourchette.

Potée de Hérissons

Il vous faudra:

1 oignon
400g de bœuf haché
1 œuf
100g de riz
sel et poivre
1 boîte de 286g de soupe aux
tomates ou aux légumes

Pour 4 personnes (environ 12 boulettes)

Ustensiles:

un couteau
2 bols
une fourchette
un bol à soupe
un plat à four avec couvercle

Demandez d'abord à un adulte d'ouvrir la boîte de soupe et de régler le four à 6/7 (190°C/375°F).

1 Hachez l'oignon et mettez dans un bol avec le bœuf haché, l'œuf, 50g de riz, sel et poivre. Mélangez bien à la fourchette.

2 Versez la soupe et une boîte d'eau dans un autre bol. Mélangez bien.

3 Mettez le reste du riz dans le bol à soupe. Faites 12 boulettes avec le bœuf haché, roulez-les dans le riz et déposez dans le plat à four.

4 Versez la soupe sur les boulettes. Couvrez. Demandez à un adulte de mettre au four 45 minutes.

Hiboux au saumon

Il vous faudra:

1 boîte de 200g de saumon
4 oignons verts ou 1/2 petit oignon
persil
200g de fromage blanc (à la crème)
100g de pain sec
sel et poivre
1 œuf
1 carotte

Pour 8 hiboux au saumon

Ustensiles:
une terrine
une fourchette
un couteau
2 bols à soupe
une plaque à pâtisserie Tefal

Demandez d'abord à un adulte d'ouvrir la boîte de conserve et de régler le four à 7 (200°C/400°F).

1 Égouttez le saumon et mettez-le dans la terrine. Défaites-le à la fourchette et faites-en une pâte.

2 Hachez l'oignon et le persil. Ajoutez au saumon avec le fromage blanc, le sel et le poivre. Mélangez bien.

3 Réduisez le pain sec en miettes avec les mains ou en le râpant.

4 Mélangez la moitié des miettes de pain au saumon et fromage. Mettez le reste dans un bol.

5 Cassez l'œuf dans l'autre bol et battez à la fourchette.

6 Faites 8 hiboux de forme ovale avec le mélange de saumon.

7 Trempez chacun dans l'œuf, puis dans les miettes de pain. Assurez-vous qu'ils sont recouverts de miettes. Mettez sur la plaque.

8 Pelez et tranchez les carottes. Coupez les tranches en petits triangles pour les yeux et les becs. Pressez sur les hiboux. Demandez à un adulte de mettre au four 15 minutes.

Croque-dessins

Il vous faudra:

4 tranches de fromage
4 tranches de pain de mie
beurre
2 cuillerées à café de ketchup

Pour 4 croque-dessins

Ustensiles:

un couteau
une cuillère à café

Demandez d'abord à un adulte d'allumer le gril.

2 Mettez les tranches de pain sous le gril et grillez un côté. Soyez prudent avec le gril: il vaut mieux demander à un adulte, si vous n'avez pas l'habitude.

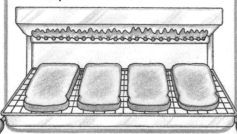

3 Beurrez l'autre côté du pain et tartinez chaque tranche de 1/2 cuillerée à café de ketchup.

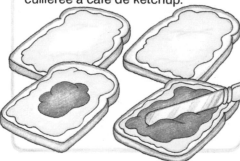

1 Découpez des formes d'images dans le fromage en tranches: chat, avion, fleur, voiture, etc.

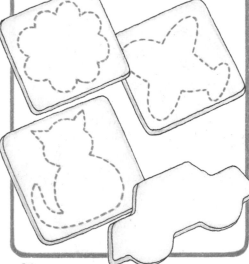

4 Mettez une image sur le côté beurré des tranches et mettez sous le gril pour une ou 2 minutes pour faire fondre le fromage un peu.

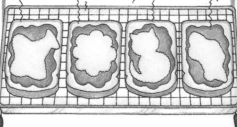

Canons à saucisse

Il vous faudra:

8 saucisses de Francfort
8 tranches de pain de mie
2 cuillerées à soupe de ketchup
4 longs morceaux de bacon
15g de beurre

Pour 8 canons à saucisse

Ustensiles:

un couteau
une plaque à pâtisserie Tefal
8 bâtonnets de cocktail

Demandez d'abord à un adulte d'ouvrir l'emballage des saucisses et de régler le four à 7 (200°C/400°F).

2 Mettez une saucisse du côté ketchup du pain et enroulez.

3 Enlevez la couenne du bacon et étirez en passant le couteau à plat sur le bacon. Coupez les morceaux de bacon en 2.

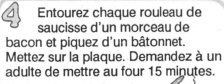

1 Enlevez les croûtes des tranches de pain. Beurrez un côté et tartinez l'autre côté de ketchup.

4 Entourez chaque rouleau de saucisse d'un morceau de bacon et piquez d'un bâtonnet. Mettez sur la plaque. Demandez à un adulte de mettre au four 15 minutes.

Têtes-burgers

Il vous faudra:

4 ou 8 petits biftecks hachés
4 pains à hamburger au sésame
4 feuilles de laitue
4 tranches de fromage
8 demi-abricots séchés
8 raisins secs
1 radis
1 tomate
2 petits cornichons

Pour 4 hamburgers

Ustensiles:

un couteau
un plat de service

Demandez d'abord à un adulte de cuire les biftecks hachés.

1 Pendant que les biftecks cuisent, mettez les ingrédients sur la surface de travail.

2 Coupez le radis en 4.

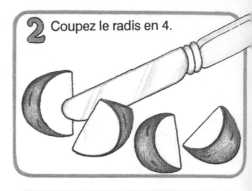

3 Coupez la tomate en 4 tranches. Jetez les bouts. Faites des anneaux en enlevant le centre des tranches. Coupez les anneaux en 2.

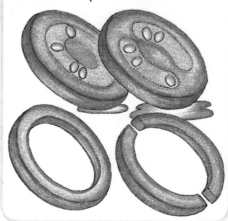

4 Coupez les cornichons en 2.

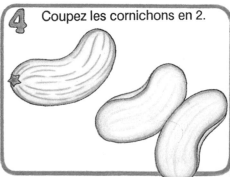

5 Mettez le dessus des pains, graines de sésame vers le bas, sur un plat de service.

6 Sur chaque pain, mettez une feuille de laitue, un bifteck cuit, une tranche de fromage et un autre bifteck (facultatif). Couvrez avec le dessous du pain.

7 Faites les visages sur les pains en utilisant les abricots et raisins pour les yeux, les tomates pour les sourcils, les radis pour les nez et les cornichons pour les bouches. Servez tout de suite.

Papillotes du pêcheur

Il vous faudra:

4 morceaux de poisson blanc
4 tomates
4 petits oignons blancs
1 cuillerée à café de fines herbes
4 cuillerées à café d'huile

Pour 4 papillotes

Ustensiles:

papier d'aluminium
ciseaux
un couteau
une cuillère à café
une plaque à pâtisserie

Demandez d'abord à un adulte de régler le four à 6/7 (180°C/350°F).

2 Mettez le poisson au centre de chaque papier d'aluminium.

3 Tranchez les tomates et les oignons et disposez sur chaque poisson avec les herbes et une cuillerée à café d'huile.

1 Coupez le papier d'aluminium en 4 rectangles de 25cm x 14cm environ.

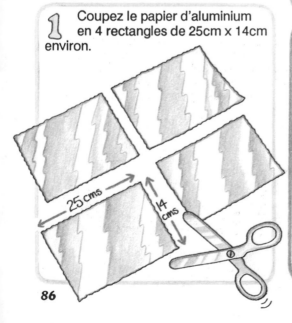

4 Enveloppez hermétiquement chaque poisson pour que la vapeur ne s'échappe pas. Mettez les papillotes sur la plaque et demandez à un adulte de mettre au four 20 minutes.

Attention à la vapeur en ouvrant les paquets: c'est très chaud!

Pommes de terre Céleste

Il vous faudra:

500g de pommes de terre cuites
4 œufs cuits dur et écaillés
1 boîte de soupe crème de
champignons
100g de champignons de Paris
4 cuillerées à soupe de lait

Pour 4 personnes

Ustensiles:

un couteau
un bol
une cuillère à soupe
un plat à four de 1 litre avec couvercle

Demandez d'abord à un adulte de cuire les pommes de terre et les œufs, d'ouvrir la boîte de conserve et de régler le four à 6/7 (190°C/375°F).

1 Tranchez les pommes de terre, les œufs et les champignons. Mettez en 3 piles séparées.

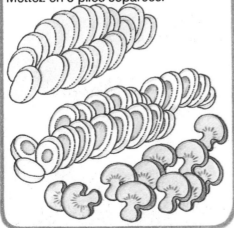

2 Déposez la soupe à la cuillère dans le bol et mélangez avec le lait pour faire un mélange onctueux.

3 Mettez un étage de pommes de terre au fond du plat. Couvrez avec un étage d'œufs, puis un de champignons. Versez la moitié de la soupe. Refaites les étages et versez le reste de la soupe. Couvrez et demandez à un adulte de mettre au four 45 minutes.

Cuisses de poulet délices

Il vous faudra:

8 cuisses de poulet (pilons)
8 longs morceaux de bacon
6 cuillerées à soupe de mélange à farce au persil et au thym
sel et poivre
1 œuf

Pour 4 personnes

Ustensiles:

un couteau
une cuillère à soupe
2 bols à soupe
une terrine
une fourchette
une plaque à pâtisserieTefal

Demandez d'abord à un adulte de régler le four à 6/7 (190°C/375°F).

2 Déposez le mélange à farce sec dans un bol. Cassez l'œuf dans la terrine et battez avec sel et poivre. Versez l'œuf battu dans l'autre bol.

3 Trempez chaque cuisse enveloppée dans l'œuf battu, puis roulez dans la farce. Ne laissez pas d'espace à découvert! Mettez les cuisses enrobées sur la plaque. Demandez à un adulte de mettre au four une heure. Servez chaud ou froid.

1 Enlevez la couenne du bacon et enroulez autour des pilons en commençant par le petit bout.

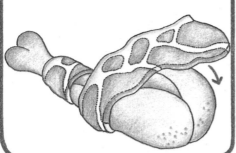

Tourte du laboureur

Il vous faudra:

5 tranches de pain de mie
beurre
1 oignon
100g de fromage
2 œufs
500ml de lait
sel et poivre

Pour 4 personnes

Ustensiles:

un couteau
une râpe
un bol
un plat à gratin de 1 litre

Demandez d'abord à un adulte de régler le four à 6 (180°C/350°F).

2 Tranchez les oignons fin et râpez le fromage.

3 Cassez les œufs dans le bol et ajoutez le lait, sel et poivre. Battez bien.

4 Mettez en étages dans le plat le pain, les oignons et le fromage en commençant et en finissant par le pain. Versez les œufs battus et laissez reposer une demi-heure. Demandez à un adulte de mettre au four une heure jusqu'à ce que ce soit doré et bien pris.

1 Beurrez le pain et coupez en 4. Enduisez de beurre le plat.

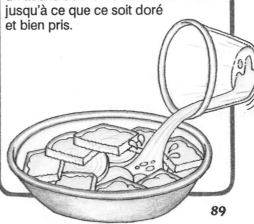

89

Ragoût américain

Il vous faudra:

400g de saucisses de Francfort
1 boîte de 396 g de tomates
1 boîte de 198g de maïs en grains
1 oignon
sel et poivre
2 paquets de chips au bacon

Pour 4 personnes

Ustensiles:

un couteau
une cuillère à soupe
une casserole avec couvercle
un bol à soupe
un plat de service creux

Demandez d'abord à un adulte d'ouvrir les boîtes de conserve.

2 Ajoutez le contenu de la boîte de tomates. Coupez les tomates à la cuilllère.

1 Coupez les saucisses en morceaux de 2cm. Mettez dans la casserole.

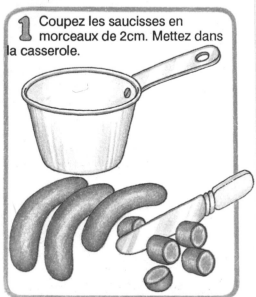

3 Égouttez le maïs et ajoutez dans la casserole.

4 Hachez finement l'oignon et ajoutez dans la casserole avec sel et poivre.

6 Écrasez les chips avec les doigts et mettez dans un bol.

5 Demandez à un adulte de faire bouillir le ragoût, puis de laisser mijoter à feu doux pendant 30 minutes.

7 Lorsque le ragoût est cuit, demandez à un adulte de le mettre dans un plat de service creux. Parsemez de chips écrasés.

Chaussons canadiens

Il vous faudra:

1 paquet de 215g de pâte feuilletée congelée
1 boîte de 140g de soupe crème de champignons
1 œuf cuit dur
8 saucisses de porc sans peau
2 cuillerées à café de ketchup
sel et poivre
farine
lait

Pour six chaussons

Ustensiles:

un couteau
un bol
une fourchette
un rouleau à pâtisserie
une soucoupe
une cuillère à soupe
une plaque à pâtisserie Tefal
un pinceau à pâtisserie

Demandez d'abord à un adulte de cuire l'œuf, d'ouvrir la boîte de conserve et de régler le four à 7 (200°C/400°F). Faites dégeler la pâte.

1 Écaillez l'œuf et hachez finement. Mettez dans le bol.

2 Coupez les saucisses en 2 en longueur, puis coupez en petits morceaux. Mettez dans le bol.

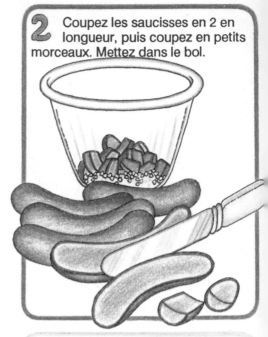

3 Ajoutez la soupe, le ketchup, sel et poivre. Mélangez bien.

4 Saupoudrez de farine la surface de travail et roulez la pâte pour faire un carré de 30cm x 30cm. Taillez 4 cercles en coupant autour de la soucoupe et mettez de côté.

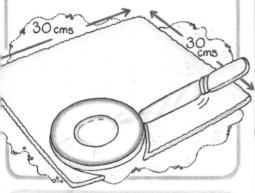

7 Badigeonnez d'eau le bord des cercles. Repliez un côté de la pâte et pincez avec les doigts pour coller, ce qui donne aussi un joli motif.

5 Rassemblez et roulez les retailles. Taillez 2 autres cercles.

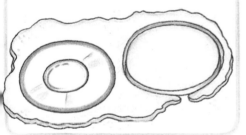

8 Mettez les chaussons sur la plaque. Badigeonnez le dessus d'un peu de lait. Demandez à un adulte de mettre au four 45 minutes.

6 Séparez le mélange œuf et saucisses en 6 parties et mettez au centre de chaque cercle.

93

Pizza Tic-Tac-Toc

Il vous faudra:

*1 pâte de pizza toute faite ou 1
tranche épaisse d'un pain de mie
coupé dans le sens de la longueur
1 cuillerée à soupe de sauce à pizza
ou de pâte de tomate
25g de fromage
1 tranche de jambon cuit
1 petite tomate
1/4 de poivron vert ou 4 filets
d'anchois*

Pour 1 personne

Ustensiles:

*une râpe
un couteau*

**Demandez d'abord à un adulte
d'allumer le gril. Soyez prudent en
utilisant le gril et demandez de
l'aide à un adulte si vous n'avez
pas l'habitude.**

1 Si vous utilisez du pain, grillez-le
légèrement des 2 côtés pour le
rendre doré.

2 Mettez la base de la pizza sur la
lèchefrite du grill et tartinez de
sauce à pizza ou de pâte de tomate.

3 Râpez le fromage et
parsemez-en la pizza.

4 Coupez le jambon en languettes larges de 1cm. Placez sur le fromage en formant un quadrillage.

6 Coupez le poivron vert en languettes ou les anchois en 2. Placez en croix dans les carrés libres.

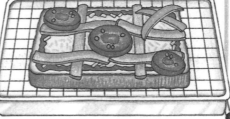

5 Tranchez la tomate et mettez-en dans 3 ou 4 carrés.

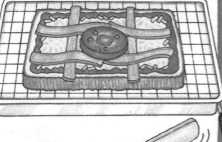

7 Mettez la pizza sous le gril 3 à 4 minutes pour la chauffer et faire fondre le fromage.

Quiches à la tomate

Il vous faudra:

8 tranches minces de pain de mie
beurre
2 œufs
2 cuillerées à soupe de lait
50g de fromage
1 tomate
2 oignons verts (facultatif)
sel et poivre
persil

Pour 8 petites quiches

Ustensiles:

un moule à tartelettes Tefal
1 emporte-pièce rond
une fourchette, un couteau
une cuillère à soupe
un bol
une râpe

Demandez d'abord à un adulte de régler le four à 7 (200°C/400°F).

2 Cassez les œufs dans le bol, ajoutez le lait et battez.

3 Râpez le fromage et ajoutez aux œufs.

1 Avec l'emporte-pièce, taillez 8 cercles dans le pain. Beurrez les cercles et pressez le côté beurré dans les creux du moule.

4 Hachez la tomate et les oignons verts et ajoutez aux œufs avec sel et poivre. Mélangez bien à la fourchette.

6 Pendant ce temps, hachez le persil.

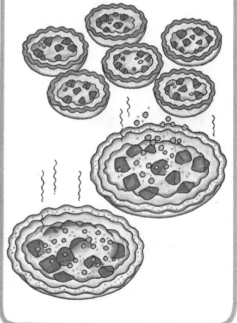

7 Lorsque les quiches sont cuites, laissez refroidir 2 minutes. Demandez à un adulte de les retirer du moule. Parsemez de persil et servez.

5 Déposez un peu du mélange sur chaque cercle de pain. Demandez à un adulte de mettre au four 20 minutes.

Desserts
favoris

Glace maison aux petits fruits

Il vous faudra:

350g de fraises ou framboises
150ml de crème à fouetter
1 cuillère à soupe de sucre

Pour 4 personnes

Ustensiles:

un tamis
2 bols
un fouet ou une fourchette
une cuillère à soupe
un contenant de plastique avec couvercle

1 Passez les fruits à travers le tamis dans un bol.

2 Mettez la crème et le sucre dans l'autre bol et faites une crème Chantilly au fouet. Ne la faites pas trop ferme, car elle serait trop compacte une fois congelée.

3 Mélangez la purée de fruits avec la crème. Déposez dans un contenant de plastique et couvrez. Mettez au congélateur jusqu'à ce que la glace soit bien prise.

Si la glace est trop dure, sortez du congélateur à l'avance pour qu'elle amollisse un peu.

99

Crème croquante à l'orange

Il vous faudra:

1/2 paquet de biscuits aux brisures de chocolat
1 cuillerée à soupe d'amandes émincées
1 grosse orange
300g de yogourt nature

Pour 4 crèmes à l'orange

Ustensiles:

un sac de plastique
un rouleau à pâtisserie
un couteau
une cuillère à soupe
4 bols à dessert en verre

1 Cassez les biscuits en morceaux et mettez dans un sac de plastique. Placez le sac sur la surface de travail. Écrasez les biscuits avec le rouleau à pâtisserie. Mélangez les amandes aux biscuits écrasés.

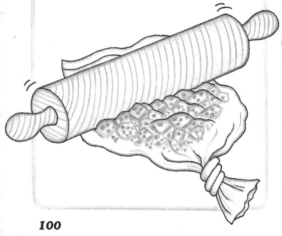

2 Épluchez l'orange et enlevez le blanc. Séparez l'orange en quartiers et coupez chacun en 4.

3 Mettez une cuillerée à soupe de yogourt dans le fond d'un bol à dessert. Ajoutez une cuillerée de biscuits écrasés et une d'orange. Finissez avec une cuillerée de yogourt et une de biscuits.

4 Répétez avec les 3 autres bols.

Parfait estival

Il vous faudra:

1 boîte de 280g de groseilles vertes
8 biscuits au gingembre
50g de noisettes
8 boules de glace

Pour 4 parfaits

Ustensiles:

un sac de plastique
un rouleau à pâtisserie
un bol
un couteau
une cuillère à soupe
une cuillère à glace
4 petites coupes

***Demandez d'abord à un adulte
d'ouvrir la boîte de conserve.***

1 Mettez les biscuits dans le sac de plastique. Fermez le sac et posez-le sur la surface de travail. Écrasez les biscuits avec le rouleau à pâtisserie. Mettez les miettes dans un bol.

2 Hachez les noisettes et mêlez aux biscuits écrasés.

3 Mettez des groseilles au fond des coupes. Couvrez d'une cuillerée de noix et biscuits et de 2 boules de glace.

4 Faites la même chose pour les 3 autres parfaits. Parsemez de noix et biscuits sur le dessus.

Sandwiches glacés de fantaisie

Il vous faudra:

1 litre de glace de forme carrée
1 paquet de gaufrettes minces
vermicelles de chocolat
Smarties
1 paquet de pâtes de fruits
grains multicolores

Pour 12 sandwiches

Ustensiles:

un couteau
2 assiettes
un plat de service

2 Coupez les gaufrettes aux dimensions de la glace et mettez de chaque côté.

1 Coupez la glace en 12 tranches de 3cm d'épaisseur.

3 cms

3 Parsemez les vermicelles de chocolat sur une assiette. En tenant entre le pouce et l'index, garnissez de vermicelles de chocolat les côtés de 3 sandwiches .

4
Pressez des Smarties sur les côtés de 3 autres sandwiches.

6
Parsemez les grains multicolores sur une autre assiette et garnissez les 3 derniers sandwiches.

5
Pressez des pâtes de fruits sur les côtés de 3 autres sandwiches.

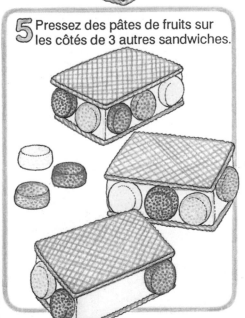

7
Disposez les sandwiches sur un plat de service et servez tout de suite.

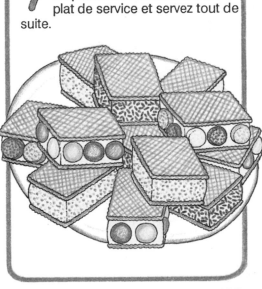

103

Bouquet glacé

Il vous faudra:

4 boules de glace
1 petit morceau d'angélique
1 petit paquet de pastilles de chocolat
Smarties

Pour 4 bouquets glacés

Ustensiles:

une cuillère à glace
un couteau
4 caissettes à petits gâteaux en papier

1 Mettez une boule de glace dans chaque caissette.

2 Coupez l'angélique en languettes de 2cm de longueur.

3 Enfoncez, en alternant, les pastilles de chocolat et les languettes d'angélique autour de la glace.

4 Enfoncez légèrement des Smarties sur l'angélique et sur la glace. Servez tout de suite.

Parfait
«culotte courte»

Il vous faudra:

1 petite boîte de framboises
1 petite boîte de salade de fruits
2 poires
1/2 litre de glace à la framboise
sirop épais à la framboise
copeaux de chocolat au lait
2 cuillerées à soupe d'amandes
émincées

Pour 4 parfaits

Ustensiles:

un couteau
une cuillère à soupe
4 grands verres

Demandez d'abord à un adulte
d'ouvrir les boîtes de conserve.

1 Pelez les poires et coupez en 2. Enlevez les cœurs et coupez en petits morceaux.

2 Mettez 1 cuillerée de framboises (avec le jus) au fond des verres. Couvrez avec une boule de glace et du sirop à la framboise.

3 Ajoutez 1 cuillerée de salade de fruits, des copeaux de chocolat, des amandes et une boule de glace.

4 Finissez avec les morceaux de poire, une boule de glace, du sirop, du chocolat et des amandes. Servez tout de suite.

105

Clown du Pôle Nord

Il vous faudra:

glace à la vanille
1 rondelle d'ananas
1 gaufrette à glace
1 cerise confite
2 raisins secs
sirop épais à la framboise

Pour 1 clown

Ustensiles:

une cuillère à glace ou un
emporte-pièce rond
un couteau
une assiette plate

2 Coupez la rondelle d'ananas en deux. Faites 2 entailles à l'intérieur pour ouvrir un peu.

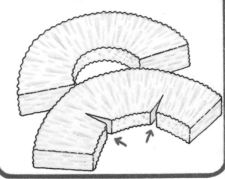

3 Empilez les ananas contre la glace pour faire un collet sous la tête du clown.

1 Faites une boule de glace avec la cuillère à glace ou découpez une forme ronde à l'emporte-pièce dans la glace. Mettez sur l'assiette.

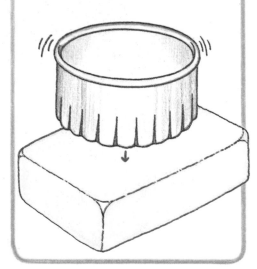

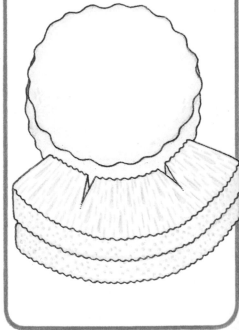

4 Coupez la gaufrette en triangle avec un bout arrondi. Enfoncez le bas du chapeau au sommet de la tête du clown.

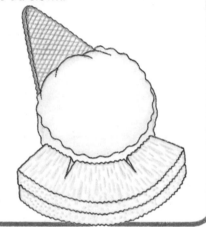

5 Mettez la cerise au centre de la glace pour faire le nez. Utilisez les raisins pour les yeux, et le sirop épais à la framboise pour les joues et la bouche.

6 Servez le clown tout de suite avant qu'il ne fonde!

Gâteau horloge

Il vous faudra:

1 boîte de pêches en quartiers
1 paquet de crème à la pêche ou
à la vanille
600ml de lait
1 gâteau éponge creux de 20cm de
diamètre
1 cerise confite
angélique ou grains multicolores

Pour 1 gâteau

Ustensiles:

un couteau, un bol
un fouet ou une fourchette

Demandez d'abord à un adulte d'ouvrir la boîte de conserve.

2 Avec le lait, faites la crème au fouet, tel qu'indiqué sur le paquet.

1 Égouttez bien les pêches et coupez les quartiers en 2.

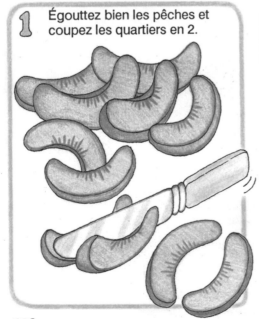

3 Mettez le gâteau éponge sur une assiette et recouvrez de la crème. Égalisez avec un couteau.

4 Utilisez les tranches de pêches pour faire les chiffres sur l'horloge. (Il est plus facile de les réussir avec des chiffres romains.)

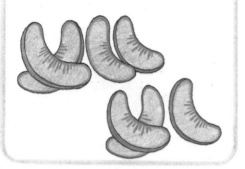

5 Mettez les chiffres en place.

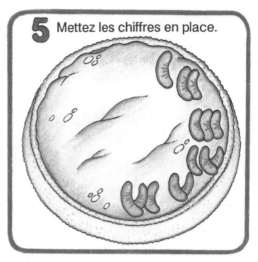

6 Mettez la cerise au centre du gâteau et coupez de l'angélique pour faire les aiguilles. On peut aussi les réaliser avec des lignes de grains multicolores.

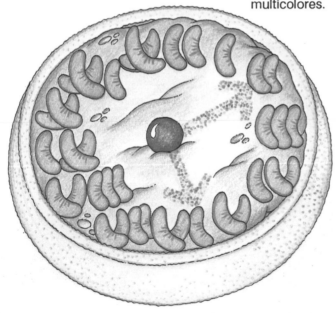

Délices au yogourt

Il vous faudra:

2 oranges
500g de yogourt nature
2 cuillerées à soupe de miel
sirop épais au chocolat ou au caramel
sirop épais à la framboise ou à l'ananas
raisins secs
noix

Pour 4 personnes

Ustensiles:

un couteau
un bol
4 coupes

2 Ajoutez le yogourt, le miel, les raisins et les noix. Mélangez bien. Versez dans des coupes.

3 Décorez de sirop épais. Par exemple, faites une forme de bateau avec le chocolat, et la voile avec la framboise. Ou encore, une couronne avec le caramel, et le coussin de velours avec l'ananas. Inventez aussi vos propres images.

1 Épluchez les oranges et enlevez la peau blanche. Séparez l'orange en quartiers. Coupez chacun en petits morceaux. Mettez dans un bol avec le jus.

Pouding aux fruits

Il vous faudra:

100g de farine
50g de beurre
100g de cassonade
25g de noix de Grenoble,
d'amandes, de noisettes ou
d'arachides hachées
500g de prunes
3 cuillerées à soupe d'eau

Pour 4 personnes

Ustensiles:

une terrine
une cuillère à soupe
un couteau
un plat à four creux de 1 litre

Demandez d'abord à un adulte de régler le four à 6 (180°C/350°F).

1 Mettez la farine dans la terrine. Coupez le beurre en petits morceaux et ajoutez dans la terrine. Incorporez le beurre à la farine avec le bout des doigts jusqu'à ce que le mélange ressemble à des miettes de pain.

2 Ajoutez 50g de cassonade et les noix. Mélangez.

3 Lavez les prunes, coupez en deux et enlevez les noyaux. Mettez les prunes au fond du plat à four et arrosez avec le reste de la cassonade et l'eau.

4 Couvrez du mélange de farine et demandez à un adulte de mettre au four 40 minutes.

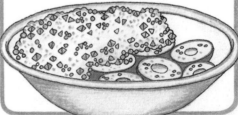

Poires au caramel

Il vous faudra:

5 ou 6 poires, fraîches ou en boîte
4 cuillerées à soupe de cassonade
4 cuillerées à soupe de Rice Krispies
50g de beurre

Pour 4 personnes

Ustensiles:

un couteau
un bol
un plat à four peu profond

Demandez d'abord à un adulte d'ouvrir la boîte de conserve et de régler le four à 7 (200°C/400°F). Si vous utilisez des poires fraîches, pelez-les.

1 Coupez les poires en petits morceaux. Mettez dans le plat à four.

2 Mélangez la cassonade et les Rice Krispies dans le bol. Disposez sur les poires.

3 Parsemez de noix de beurre et demandez à un adulte de mettre au four 30 minutes.

Pouding aux pommes Marie-Antoinette

Il vous faudra:

300g de cake aux fruits
1 grosse pomme à cuire
1 gros œuf
300ml de lait

Pour 4 personnes

Ustensiles:

un couteau
un bol
une fourchette
un verre gradué
un plat à four creux de 1 litre

Demandez d'abord à un adulte de régler le four à 6 (°190°C/375°F).

3 Beurrez le fond et les côtés du plat à four. Disposez les tranches de cake et de pomme en étages, en commençant et en finissant avec le cake.

4 Cassez l'œuf dans le bol et battez à la fourchette. Ajoutez le lait et continuez à battre. Versez sur le cake et laissez reposer une demi-heure.

1 Coupez le cake en tranches de 1/2 cm d'épaisseur.

2 Coupez la pomme en quartiers et enlevez le cœur. Pelez et coupez en trances minces.

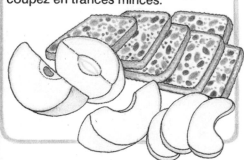

5 Ensuite, pressez tout le dessus du cake avec la fourchette. Demandez à un adulte de mettre au four une heure.

Gâteau au fromage

Il vous faudra:

8 grands biscuits secs
50g de beurre
50g de sucre
250ml de lait
1/2 paquet de crème à la vanille
225g de fromage blanc (à la crème)
16 demi-abricots, frais ou en boîte

Pour 6 personnes

Ustensiles:

un sac de plastique
un rouleau à pâtisserie
2 bols
un cuillère de bois
une cuillère à soupe
un fouet ou une fourchette
un moule à gâteau rond de 16cm

Demandez d'abord à un adulte de faire fondre le beurre et d'ouvrir la boîte de conserve.

2 Mélangez les miettes de biscuits dans le bol avec le beurre et le sucre.

3 Mettez ce mélange dans le moule et pressez à la cuillère de bois pour couvrir également le fond.

1 Mettez les biscuits dans le sac de plastique. Mettez sur la surface de travail et tenez l'ouverture fermée. Écrasez les biscuits avec le rouleau à pâtisserie.

4 Dans un bol, faites la crème à la vanille au fouet ou à la fourchette

6 Déposez le mélange sur le fond de biscuits et mettez au réfrigérateur pour faire prendre.

5 Battez le fromage blanc à la cuillère pour l'amollir et mélangez à la crème.

7 Juste avant de servir, déposez les demi-abricots, partie coupée vers le bas, sur le dessus.

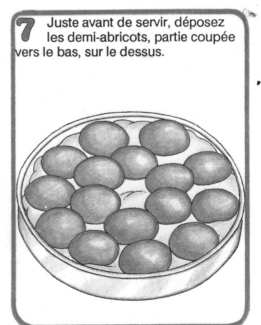

Bûche au chocolat

Il vous faudra:

125ml de crème à fouetter
1/4 cuillerèe à café d'extrait de vanille
1 cuillerèe à soupe de sucre
1 gâteau roulé au chocolat de
16 à 18cm de longueur
vermicelles de chocolat

Ustensiles:

un bol
une cuillère à café
une cuillère à soupe
un fouet
une fourchette
un plat de service

1 Versez la crème dans le bol. Ajoutez la vanille et le sucre. Battez au fouet pour faire une crème Chantilly ferme. Ne battez pas trop longtemps car la crème risque de tourner.

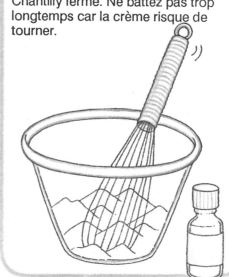

2 Coupez le gâteau en 2 dans le sens de la longueur. Tartinez les côtés plats de crème. Réunissez les moitiés de gâteau et mettez sur un plat de service.

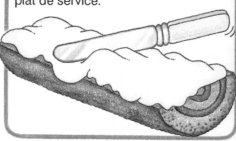

3 À la cuillère, recouvrez avec le reste de la crème. Répartissez également, puis faites des sillons à la fourchette dans le sens de la longueur pour donner un effet d'écorce d'arbre.

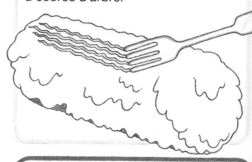

4 Parsemez de vermicelles de chocolat et avant de servir, mettez au réfrigérateur pour 1 heure.

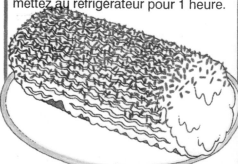

Vive la fête!

Salade en train

Il vous faudra:

1 branche de céleri
3 feuilles de laitue
1 morceau de concombre de 7cm
25g de fromage blanc (à la crème)
1/4 cuillerée à café de curry ou de paprika
sel et poivre
3 radis
1 carotte
1 morceau de gruyère ou de mozzarella de 7cm x 4cm x 3cm

Pour 1 salade

Ustensiles:

un couteau, une cuillère à café
une grande assiette, une tasse
3 bâtonnets de cocktail

1 Enlevez les feuilles du céleri, puis coupez-le en longues tiges. Gardez 2 tiges pour faire les rails de la voie ferrée et coupez les autres pour les traverses. Mettez sur une grande assiette.

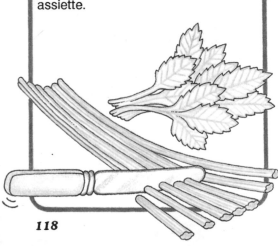

2 Enroulez les feuilles de laitue et coupez en fines languettes. Disposez de chaque côté de la voie ferrée pour faire le gazon.

3 Coupez le concombre en deux dans le sens de la longueur. Enlevez les graines à la cuillère et jetez-les.

4 Mettez le fromage blanc dans une tasse. Ajoutez le curry (ou paprika) et le sel. Mélangez bien à la cuillère. Étendez ce mélange dans le creux du concombre et recollez les demies en les pressant ensemble. Gardez un peu du fromage pour fixer les cheminées.

5 Enlevez les bouts des radis et coupez chacun en 2 pour faire les roues.

7 Coupez la carotte en morceaux de 1cm et 2cm. Collez-les sur la locomotive avec le reste du fromage blanc pour faire les cheminées.

6 Percez le concombre de 3 bâtonnets. Piquez sur chacun, de chaque côté, une roue de radis. Mettez sur les rails de céleri.

8 Placez le gruyère à l'arrière du concombre pour compléter la locomotive.

9 Mettez sur la table, c'est prêt!

Saucisses en pâte

Il vous faudra:

1 petit paquet de pâte feuilletée congelée
farine
8 saucisses sans peau
moutarde ou ketchup (facultatif)
lait

Pour 8 grosses saucisses

Ustensiles:

un rouleau à pâtisserie
un couteau
un pinceau à pâtisserie
une plaque à pâtisserie Tefal

Demandez d'abord à un adulte de régler le four à 8 (220°C/475°F). Faites dégeler la pâte.

1 Saupoudrez un peu de farine sur la surface de travail et roulez la pâte en un rectangle de 38cm x 24cm.

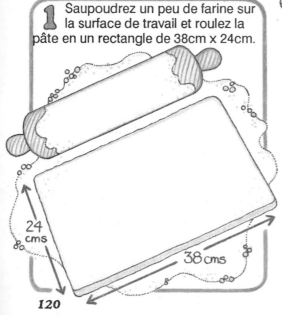

24 cms

38 cms

2 Placez les saucisses sur la pâte en 2 rangées égales. Mettez un peu de moutarde ou de ketchup sur les saucisses, si vous le désirez.

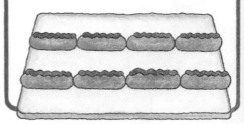

3 Coupez la pâte le long de la ligne du centre et entre les saucisses. Au pinceau, humectez les bords d'eau. Enroulez la pâte autour des saucisses en collant les bords fermement. Mettez sur la plaque avec les joints en dessous.

4 Badigeonnez l'extérieur de lait et demandez à un adulte de mettre au four 20 minutes jusqu'à ce que ce soit doré.

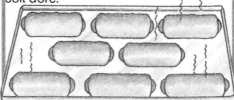

Pour de mini-saucisses, coupez en 2.

Trempette de crudités

Il vous faudra:

175g de fromage cottage
2 cuillerées à soupe de crème
fraîche ou de yogourt
1/2 cuillerée à café de graines de
carvi
sel et poivre
1 petit chou-fleur
1 morceau de concombre de 1cm
4 branches de céleri

Pour 1 trempette de crudités

Ustensiles:

un tamis
un bol
une cuillère à soupe et une à café
une tasse
un couteau
une grande assiette

1. Passez le cottage à travers le tamis. Dans un bol, mélangez avec la crème (ou yogourt).

2. Écrasez les graines de carvi avec une cuillère à café contre la paroi d'une tasse. Ajoutez au fromage avec sel et poivre.

3. Coupez le chou-fleur en petits bouquets. Coupez en languettes le concombre, et le céleri en trois sur la longueur, puis en languettes.

4. Déposez le mélange de fromage et de crème (ou yogourt) au centre d'une assiette. Entourez de chou-fleur, puis de piles alternées de concombre et de céleri.

121

La course des deux barques

Il vous faudra:

1/2 concombre
175g de fromage blanc (à la crème)
2 cuillerées à soupe de beurre
d'arachides
1 cuillerée à soupe de ait
2 petites carottes
4 branches de céleri

Pour 2 barques

Ustensiles:

un couteau
une cuillère à soupe
un bol
une fourchette
un grande assiette

2 Hachez le centre du concombre et mettez dans un bol avec le fromage, le beurre d'arachides et le lait. Mélangez à la fourchette en pâte lisse.

3 Pelez et coupez les carottes en 18 rondelles.

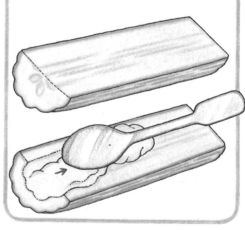

1 Coupez le concombre en 2 dans le sens de la longueur. Enlevez les centres à la cuillère et mettez de côté.

4 Enlevez les feuilles du céleri, puis coupez chaque branche en 4 languettes pour faire 16 rames. Placez les demi-concombres assez espacés sur une assiette, pour faire les barques.

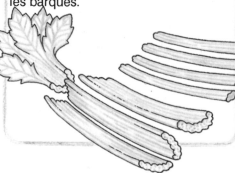

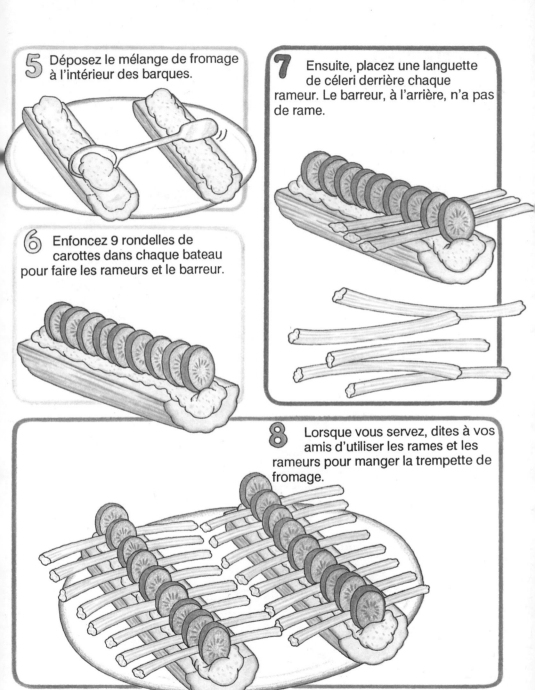

5 Déposez le mélange de fromage à l'intérieur des barques.

6 Enfoncez 9 rondelles de carottes dans chaque bateau pour faire les rameurs et le barreur.

7 Ensuite, placez une languette de céleri derrière chaque rameur. Le barreur, à l'arrière, n'a pas de rame.

8 Lorsque vous servez, dites à vos amis d'utiliser les rames et les rameurs pour manger la trempette de fromage.

123

Pailles au fromage

Il vous faudra:

100g de farine
1 pincée de sel
50g de beurre
50g de gruyère
1 cuillerée à café de fines herbes
1 œuf

Pour 30 pailles environ

Ustensiles:

un tamis
une terrine
un couteau
une râpe
une cuillère à café
un rouleau à pâte
deux emporte-pièce dentelés ronds
de 9 1/2cm et 7 1/2cm de diamètre
une plaque à pâtisserie Tefal

Demandez d'abord à un adulte de régler le four à 7 (200°C/400°F).

2 Râpez le fromage et ajoutez avec les herbes dans la terrine. Mélangez bien.

3 Cassez l'œuf dans la terrine et mélangez, d'abord au couteau, puis faites une boule avec les mains.

1 Tamisez la farine et le sel dans la terrine. Coupez le beurre en petits morceaux et ajoutez dans la terrine. Incorporez le beurre à la farine avec les doigts jusqu'à ce que cela ressemble à des miettes de pain.

4 Saupoudrez la surface de travail d'un peu de farine et placez-y la boule de pâte. Roulez la pâte à 1/2cm d'épaisseur. Coupez 2 anneaux avec le grand et le petit emporte-pièce. Mettez délicatement sur la plaque.

6 Faites une boule avec les retailles de pâte et roulez-la. Coupez d'autres languettes et mettez sur la plaque. Demandez à un adulte de mettre au four 15 minutes pour bien dorer.

5 Coupez le reste de la pâte en languettes de 10cm x 1cm. Mettez sur la plaque.

7 Laissez refroidir, puis rangez dans une boîte étanche.

8 Pour servir, passez les pailles en ballots dans les anneaux.

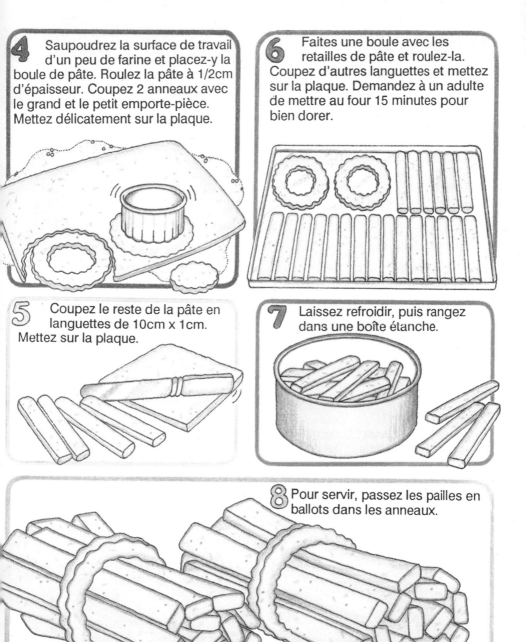

125

Régate de petits voiliers

Il vous faudra:

100g de gruyère
1 carotte
1 morceau de concombre de 2cm
2 cuillerées à soupe de mayonnaise
sel et poivre
8 tranches de baguette
beurre
2 tomates
2 tranches de fromage

Pour 8 voiliers

Ustensiles:

une râpe
un bol
une cuillère à soupe
un couteau
8 bâtonnets à cocktail

1 Râpez le gruyère, la carotte et le concombre dans le bol.

2 Ajoutez la mayonnaise, sel et poivre. Mélangez bien.

3 Beurrez les tranches de baguette qui seront les bateaux.

4 Tartinez le pain avec le mélange de fromage et de légumes.

5 Tranchez les tomates. Jetez les bouts et mettez une tranche sur chaque bateau.

6 Coupez chaque tranche de fromage en 2, puis chaque demie en 2 triangles.

7 Passez un bâtonnet dans chaque triangle pour faire les voiles et enfoncez au centre des bateaux.

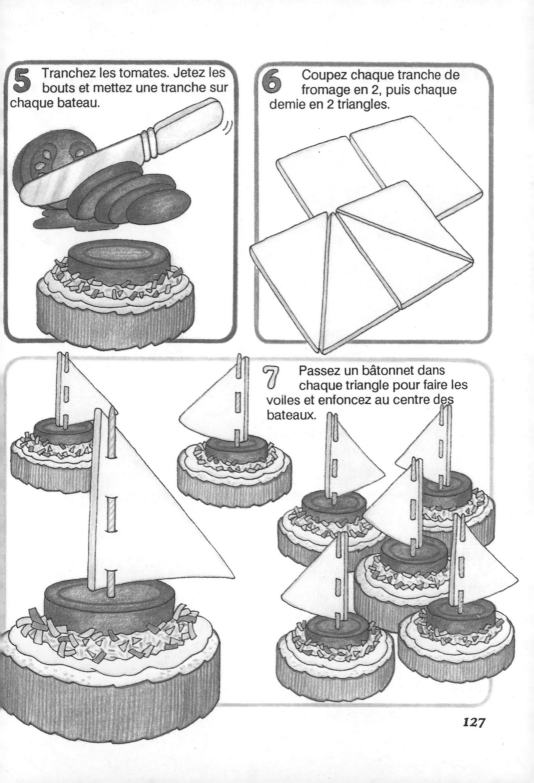

Hérissons de fête

Il vous faudra:

150g de fromage (Edam, Mozzarella)
6 saucisses de Francfort
100g raisins sans pépins
petits oignons marinés
4 oranges

Pour 4 hérissons

Ustensiles:

un couteau
40 à 50 bâtonnets de cocktail
une grande assiette

1 Coupez le fromage en petits cubes. Coupez les saucisses en 5 morceaux.

2 Piquez 3 morceaux différents sur les bâtonnets. Par exemple: un cube de fromage, un oignon et un morceau de saucisse
ou un raisin, un cube de fromage et un oignon
ou un morceau de saucisse, un oignon et un raisin.

3 Placez les oranges sur une grande assiette et enfoncez 10 à 12 bâtonnets dans chacune.

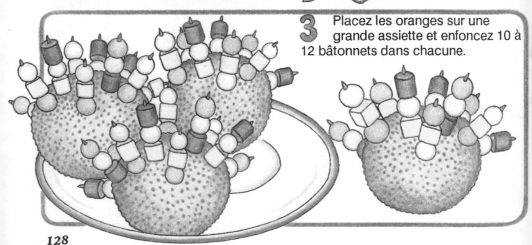

128

Cocktail à la tomate

Il vous faudra:

600ml de jus de tomate
2 citrons
2 cuillerées à café de sauce
Worcestershire
4 tiges de menthe fraîche

Pour 4 cocktails

Ustensiles:

un verre gradué
un couteau
un presse-citron
une cuillerée à café
4 bâtonnets de cocktail

2 Pressez le jus d'un citron et ajoutez au jus de tomate avec la sauce Worcestershire. Mettez au réfrigérateur une heure.

1 Mesurez le jus de tomate.

3 Coupez l'autre citron en 8 tranches. Remuez le cocktail à la tomate et versez dans 4 verres. Piquez 2 tranches de citron et des feuilles de menthe sur chaque bâtonnet et déposez sur les verres.

129

Sangria junior

Il vous faudra:

*300ml de thé glacé
1 cuillerée à soupe de concentré de
jus de citron vert
3 cuillerées à soupe de sirop
d'orange
300ml de limonade gazeuse
1 orange
1 citron
1 pomme
4 tiges de menthe fraîche
glaçons*

Pour 4 personnes

Ustensiles:

*un grande cruche
une cuillère à soupe
un couteau, une cuillère de bois*

**Demandez d'abord à un adulte de
faire 300ml de thé faible. Laissez-le
refroidir.**

2 Coupez l'orange et le citron en
tranches. Enlevez le cœur de la
pomme et tranchez fin.

3 Mettez les fruits dans la cruche.
Versez la limonade et ajoutez la
menthe et les glaçons. Remuez à la
cuillère de bois.

1 Versez le thé, le jus et le sirop
dans la cruche. Mettez-la au
réfrigérateur une heure avec la
bouteille de limonade.

130

Punch au cassis

Il vous faudra:

1 pomme
4 clous de girofle
2 cuillerées à soupe de sirop de cassis
1/4 de cuillerée à café rase de cannelle
200ml d'eau
400ml de jus de pommes glaçons (facultatif)

Pour 4 verres de punch

Ustensiles:

*une grande casserole, 4 verres
une cuillère à soupe et une à café*

1 Enfoncez les clous de girofle dans la pomme et mettez-la dans une casserole.

2 Ajoutez tous les autres ingrédients. Demandez à un adulte de chauffer jusqu'au point d'ébullition mais sans laisser bouillir. Laissez reposer 10 minutes.

3 Versez dans des verres et buvez tièdes ou laissez refroidir et servez avec des glaçons.

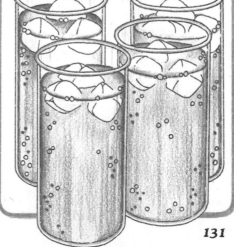

Gâteau de sandwiches

Il vous faudra:

1 grand pain de mie non tranché
3 œufs cuits dur et écaillés
cresson
3 cuillerées à soupe de mayonnaise
100g de blanc de poulet cuit
50g de maïs en grains
100g de gruyère
150g de beurre
1 cuillerée à soupe de chutney
4 oignons verts
75g de fromage blanc (à la crème)
un peu de lait
200g de pâté de foie
4 cornichons
25g de Corn Flakes

Pour un pain de sandwich

Ustensiles:

un couteau
une cuillère à soupe
5 bols
une râpe
une cuillère de bois
un rouleau à pâtisserie
un sac de plastique

Demandez d'abord à un adulte de cuire les œufs, de vous aider à enlever la croûte du pain et à le trancher en 6 dans le sens de la longueur.

Hachez les œufs dans un bol. Mélangez-y le cresson et 2 cuillerées à soupe de mayonnaise.

Hachez le poulet et mettez dans un bol avec le maïs et une cuillerée à soupe de mayonnaise. Mélangez bien.

Râpez le gruyère. Dans un bol, battez le beurre pour l'amollir et mélangez-y le gruyère et le chutney.

4 Hachez les oignons et mélangez dans un bol avec le fromage blanc. Si nécessaire, ajoutez un peu de lait.

5 Battez le reste du beurre dans un bol et ajoutez-y le pâté pour faire une pâte lisse.

6 Tartinez une tranche de pain avec les œufs et couvrez d'une autre tranche. Tartinez avec le fromage blanc et couvrez d'une autre tranche. Tartinez avec le tiers du pâté et gardez le reste pour l'extérieur. Tranchez les cornichons fin et déposez sur le pâté.

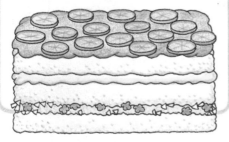

7 Recouvrez d'une tranche de pain et tartinez du mélange de poulet et de maïs. Ajoutez une autre tranche et tartinez du mélange de gruyère et de chutney. Recouvrez de la dernière tranche de pain.

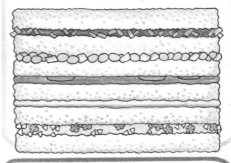

8 Tartinez tout l'extérieur du gâteau avec le reste du pâté. Si nécessaire, mêlez-y un peu de mayonnaise pour étendre plus facilement. Mettez les Corn Flakes dans un sac de plastique. Gardez le bout fermé et placez sur la surface de travail. Écrasez en passant le rouleau à pâtisserie. Parsemez les miettes sur tout le gâteau.

133

Maisonnette de glaces

Il vous faudra:

100g de pâte d'amandes
2 morceaux de 1/2 litre de glace
glace au chocolat molle
2 paquets de biscuits Fingers au chocolat
sucre à glacer
vermicelles au chocolat

Pour une maisonnette

Ustensiles:

un couteau
un rouleau à pâtisserie
un plat de service
une cuillère à soupe

1 Coupez un morceau de pâte d'amandes et faites-en un cylindre pour la cheminée.

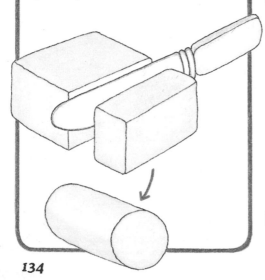

2 Saupoudrez la surface de travail de sucre à glacer et roulez le reste de la pâte d'amandes à 1/2cm d'épaisseur. Découpez une porte et 2 fenêtres.

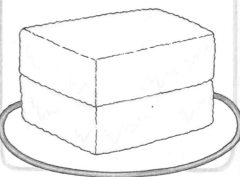

3 Mettez les 2 morceaux de glace l'un sur l'autre sur un plat.

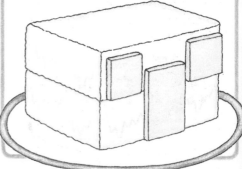

4 Collez la porte et les fenêtres sur le devant de la maisonnette.

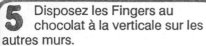

5 Disposez les Fingers au chocolat à la verticale sur les autres murs.

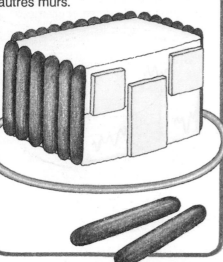

6 Déposez des cuillerées de glace molle au chocolat sur le dessus et faites une forme de toit.

7 Parsemez le toit de vermicelles au chocolat pour donner un effet de chaume, et enfoncez la cheminée au sommet.

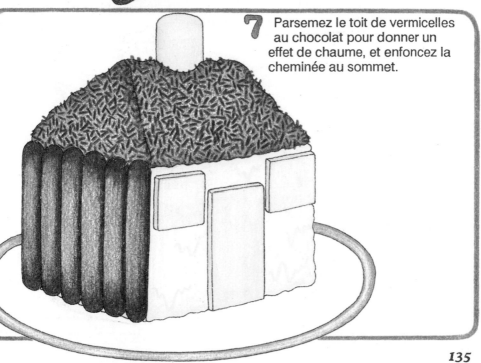

Gâteau papillon

Il vous faudra:

250g de sucre à glacer
125g de beurre
quelques gouttes de colorant
alimentaire rouge
1 gâteau éponge rond
2 cuillerées à soupe de noix de coco
séchée
sucre coloré ou grains multicolores

Pour un gâteau

Ustensiles:

une cuillère de bois
un tamis
un bol
un couteau
une cuillère à soupe
2 pailles rouges et blanches

1 Battez le beurre dans le bol à la cuillère de bois pour le rendre mou et crémeux.

2 Tamisez la moitié du sucre à glacer dans le bol et battez de nouveau. Ajoutez le reste du sucre et battez pour rendre lisse et crémeux.

3 Ajoutez le colorant goutte à goutte pour rendre le glaçace rose.

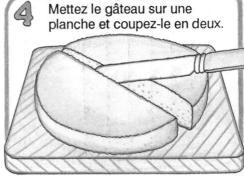

4 Mettez le gâteau sur une planche et coupez-le en deux.

5 Placez les côtés arrondis du gâteau dos à dos.

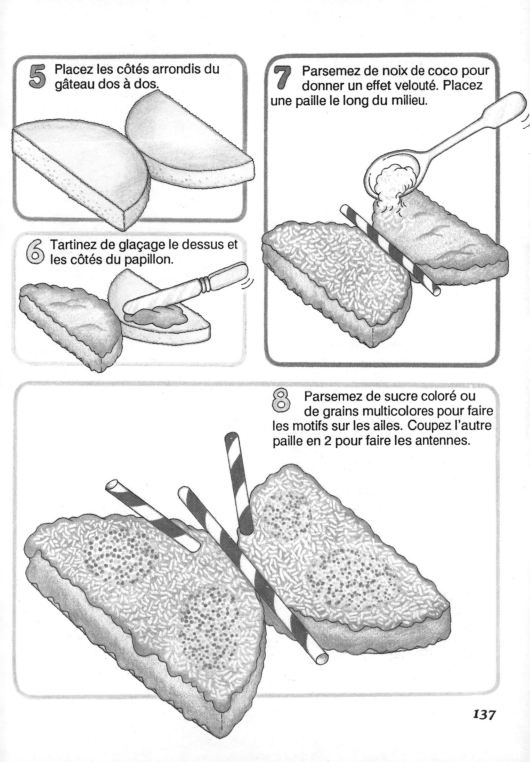

6 Tartinez de glaçage le dessus et les côtés du papillon.

7 Parsemez de noix de coco pour donner un effet velouté. Placez une paille le long du milieu.

8 Parsemez de sucre coloré ou de grains multicolores pour faire les motifs sur les ailes. Coupez l'autre paille en 2 pour faire les antennes.

Château fort

Il vous faudra:

1 gâteau éponge rond épais
*6 cuillerées à soupe de confitures
d'abricots*
2 paquets de doigts de dame
1 paquet de guimauves

Pour un gâteau

Ustensiles:

une cuillère à soupe
un couteau
un plat de service
7 autocollants
7 bâtonnet de cocktail
crayons de couleur

1 Séparez le gâteau en 2 et mettez
la partie du bas sur un plat.
Tartinez de 2 cuillerées de confiture.

2 Remettez le dessus du gâteau et
tartinez du reste de la confiture.

3 Coupez le bout du trois quarts
environ du total des doigts de
dame. Disposez-les à la verticale côte
à côte autour du gâteau, avec le bout
coupé vers le bas, et en pressant
bien.

4 À l'avant du château, laissez
libre un espace de la largeur de
trois doigts de dame et placez-les
pour faire un pont-levis.

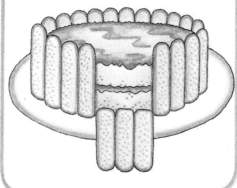

5 Coupez le reste des doigts de dames en deux et enfoncez-les côte à côte au centre du gâteau pour faire la tour.

7 Taillez un grand et 6 petits drapeaux dans les autocollants et colorez-les.

6 Disposez les guimauves sur le gâteau entre les doigts de dame.

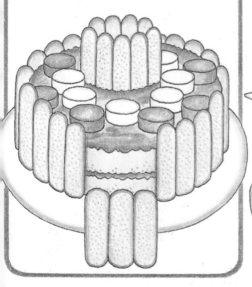

8 Enroulez le bout des drapeaux sur les bâtonnets. Enfoncez-les sur le gâteau en réservant le grand pour la tour.

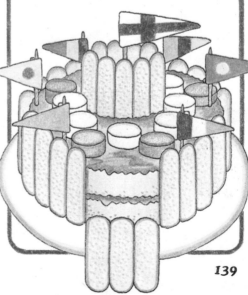

Confiserie maison

Truffes orange-chocolat

Il vous faudra:

100g de Muesli (Müslix)
50g de sucre
50g de beurre
50g de chocolat au lait
2 cuillerées à soupe de jus d'orange
2 cuillerées à soupe de cacao pour breuvage instantané

Pour 16 truffes

Ustensiles:

une terrine
un couteau
une râpe
une cuillère à soupe

1 Mélangez le muesli et le sucre dans une terrine. Ajoutez le beurre coupé en petits morceaux et incorporez avec le bout des doigts.

2 Râpez le chocolat dans le mélange et ajoutez le jus d'orange. Mélangez bien, puis pressez au fond de la terrine. Mettez au réfrigérateur toute la nuit.

3 Faites des petites boules avec le mélange et roulez-les dans le cacao avant de servir.

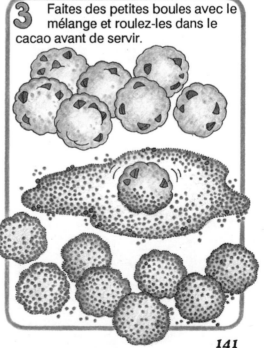

141

Boules de coco au café

Il vous faudra:

(pour les boules)
50g de beurre
15g de sucre à glacer
1 cuillerée à soupe de sirop de maïs
50g de noix de coco séchée

(pour l'enrobage)
1/2 cuillerée à soupe de café moulu
1 cuillerée à soupe de sucre à glacer

Pour 16 boules

Ustensiles:
un bol
une cuillère de bois
une cuillère à soupe

2 Mélangez-y le sirop de maïs et la noix de coco. Mettez au réfrigérateur 2 heures.

3 Faites des petites boules avec le mélange. Remettez au froid.

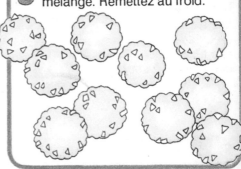

1 Mettez le beurre dans un bol avec le sucre à glacer et battez pour rendre lisse et crémeux.

4 Préparez l'enrobage dans un bol en mélangeant le café et le sucre à glacer. Roulez-y les boules avant de servir.

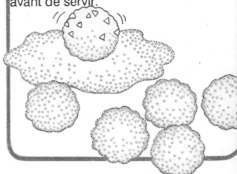

Pastilles fromage-menthe

Il vous faudra:

25g de fromage blanc (à la crème)
200g de sucre à glacer
quelques gouttes d'extrait de menthe poivrée

Pour 16 pastilles

Ustensiles:

un bol
une cuillère de bois
un rouleau à pâtisserie
papier ciré
un petit emporte-pièce rond

1 Mettez le fromage et le sucre dans un bol avec l'extrait de menthe. Mélangez pour rendre lisse.

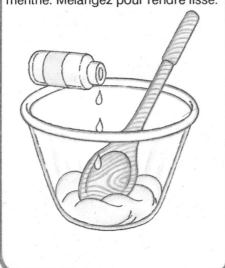

2 Saupoudrez la surface de travail de sucre à glacer et mettez-y le mélange.

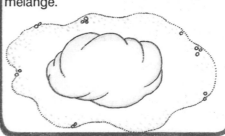

3 Roulez la pâte avec un peu plus de sucre. Découpez des cercles à l'emporte-pièce. Mettez les cercles sur un papier ciré recouvert de sucre à glacer.

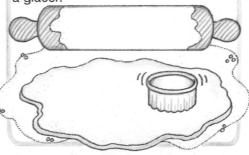

4 Faites une boule avec les retailles, roulez et taillez d'autres cercles. Laissez reposer toute la nuit.

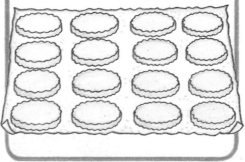

Dattes «feux de circulation»

Il vous faudra:

25 dattes
75g de fromage blanc (à la crème)
zeste d'orange râpé
jus d'orange
25g de sucre à glacer
Smarties

Pour 25 dattes fourrées

Ustensiles:

un couteau
un bol
une cuillère à café

2 Mettez le fromage dans un bol et ajoutez le zeste et un peu de jus d'orange. Mélangez bien, puis incorporez le sucre à glacer.

3 Mettez ce mélange à l'intérieur des dattes. Enfoncez dans chacune 3 Smarties rouge, orange et vert pour faire les feux de circulation.

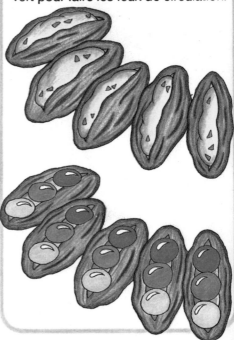

1 Fendez les dattes d'un côté et enlevez les noyaux.

Bonbons à la menthe

Il vous faudra:

400g de sucre à glacer
1 blanc d'œuf
jus de citron
extrait de menthe poivrée

Pour 25 à 30 bonbons

Ustensiles:

un tamis
une terrine
une cuillère de bois
un couteau
papier ciré

2 Ajoutez le blanc d'œuf, le jus de citron et quelques gouttes d'extrait de menthe. Mélangez bien.

3 Saupoudrez du sucre à glacer sur la surface de travail et mettez-y la pâte. Pétrissez avec les mains 3 ou 4 minutes, puis faites un rouleau de 3cm de diamètre.

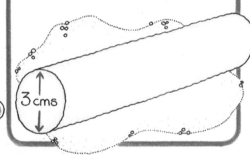

1 Tamisez le sucre à glacer dans la terrine.

4 Coupez le rouleau en tranches et déposez-les sur le papier ciré. Laissez reposer toute la nuit.

Panier de fruits à la pâte d'amandes

Il vous faudra:

225g de pâte d'amandes
colorant alimentaire rouge, jaune, vert
sucre à glacer
angélique

Pour environ 20 fruits

Ustensiles:

un cure-dents
un petit panier

1 Séparez la pâte d'amandes en 3 parties et faites 7 boulettes avec chacune.

2 Mettez un peu de colorant rouge, vert ou jaune sur les boulettes et pétrissez à la main pour répartir la couleur également.

3 Faites des formes de fruit avec les boulettes. Si la pâte devient trop collante, saupoudrez du sucre à glacer dessus.

4 Utilisez la pâte rouge pour faire des fraises et piquez-les avec un cure-dents pour faire les graines. Découpez des feuilles et des tiges dans l'angélique. Enfoncez dans le bout des fraises.

5 Avec la pâte jaune, faites des bananes.

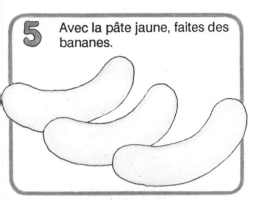

7 Faites des cerises avec la pâte rouge. Roulez la pâte verte en petits serpentins et utilisez-les pour les tiges des cerises. Réunissez les tiges par 2 ou 3.

6 Faites des reines-claudes avec la pâte verte et utilisez de l'angélique pour les feuilles et les tiges

8 Faites des citrons avec la pâte jaune et pour la pelure, piquez avec un cure-dents.

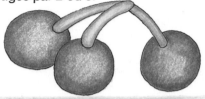

9 Laissez reposer toute la nuit, puis disposez les fruits dans un panier.

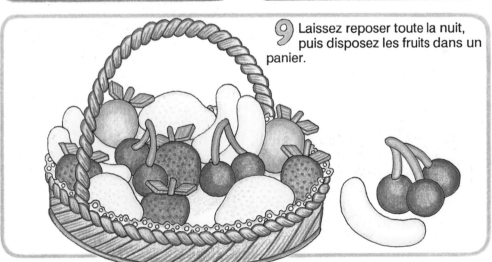

147

Boules au fromage et aux fruits

Il vous faudra:

25g de dattes
25g de raisins
25g d'amandes émincées
100g de fromage blanc (à la crème)
1/4 de cuillerée à café de mélange exotique (clous ronds et gingembre)
1 cuillerée à soupe de cannelle

Pour environ 20 boules

Ustensiles:

un couteau
un bol
une cuillère de bois
une soucoupe, une assiette
20 bâtonnets de cocktail

2 Ajoutez le fromage et les épices. Mélangez bien.

1 Hachez les dattes, les raisins et les amandes et mettez dans le bol.

3 Mettez la cannelle sur une soucoupe. Faites 20 boulettes avec le mélange. Roulez dans la cannelle et déposez sur une assiette. Pour servir, piquez de bâtonnets.

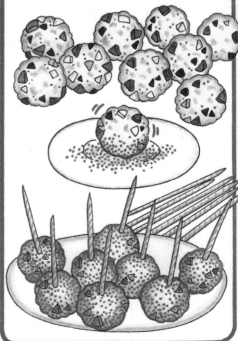

Ballons de football

Il vous faudra:

100g de dattes
100g de noix de Grenoble
50g de cassonade
2 cuillerées à café de crème à fouetter ou de yogourt
2 cuillerées à soupe de sucre à glacer

Pour 12 ballons de football

Ustensiles:

un couteau
un bol
une cuillère à café
une cuillère à soupe
un tamis
une assiette

2 Ajoutez la cassonade et la crème ou le yogourt. Mélangez de nouveau. Mettez au réfrigérateur 2 heures.

1 Hachez les dattes et les noix et mélangez bien dans un bol.

3 Tamisez le sucre à glacer sur une assiette. Faites des boules avec le mélange et roulez-les dans le sucre.

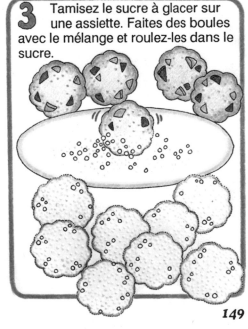

Ménagerie en sucre

Il vous faudra:

50g de sirop de maïs
500g de sucre à glacer
1 blanc d'œuf
colorants alimentaires rouge, bleu,
vert et jaune
billes argentées
lacets de réglisse
farine de maïs

Pour 10 à 12 animaux

Ustensiles:

une terrine
une cuillère
une cuillère de bois
4 bols
papier ciré

2 Tamisez 375g de sucre à glacer dans la terrine et ajoutez le blanc d'œuf.

3 Mélangez bien. Ajoutez le reste du sucre peu à peu pour obtenir une pâte.

1 Pesez la terrine, puis ajoutez 50g supplémentaire de sirop de maïs.

4 Séparez le mélange en 4 parties égales et mettez dans 4 bols. Ajoutez quelques gouttes de colorant différent dans chaque bol. Pétrissez la pâte avec les mains pour répartir la couleur également.

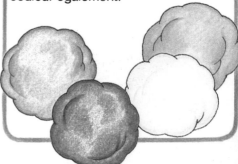

5 Faites des boulettes avec la pâte puis façonnez en serpents, ours, éléphants, lions et crocodiles.

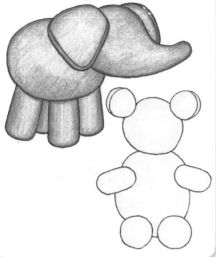

6 Utilisez les billes argentées et les réglisses pour les yeux et les queues.

7 Mettez les animaux terminés sur du papier ciré saupoudré de farine de maïs. Laissez reposer toute la nuit.

Poufs à la noix de coco

Il vous faudra:

3 cuillerées à soupe de noix de coco séchée
colorant alimentaire
1 blanc d'œuf
20 guimauves

Pour 20 poufs

Ustensiles:

un bocal à confiture avec couvercle
un bol
une fourchette

1 Mettez la noix de coco avec un peu de colorant dans un bocal. Couvrez, puis agitez pour colorer la noix de coco.

2 Mettez le blanc d'œuf dans un bol et battez bien à la fourchette.

3 Trempez les guimauves dans le blanc d'œuf puis dans la noix de coco colorée en couvrant bien. Laissez reposer 2 ou 3 heures.

Carrés glacés à la noix de coco

Il vous faudra:

50g de fromage blanc (à la crème)
200g de sucre à glacer
75g de noix de coco séchée
colorant alimentaire rouge

Pour 14 à 16 morceaux

Ustensiles:

un bol
une cuillère à soupe
une plaque à pâtisserie
un couteau

1 Mettez le fromage et le sucre à glacer dans un bol et mélangez bien pour rendre lisse.

2 Ajoutez la noix de coco. Mélangez bien.

3 Étendez la moitié du mélange sur la plaque et mettez 30 minutes au réfrigérateur.

12cms

4 Colorez le reste avec un peu de colorant rouge. Étendez sur le dessous blanc et remettez au froid 30 minutes. Coupez en carrés et servez.

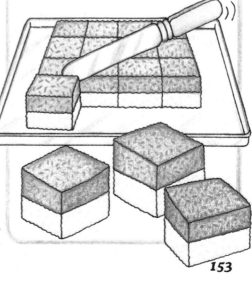

Truffes aux noix

Il vous faudra:

25g de noix de Grenoble
25g d'amandes
150g de gâteau un peu rassis
100g de beurre
1/2 cuillerée à soupe de sirop de
maïs
100g de sucre à glacer
15g de cacao
2 cuillerées à soupe de vermicelles
de chocolat

Pour 24 truffes

Ustensiles:

un couteau
une râpe
un bol
une cuillère de bois
un tamis

1 Hachez les noix et les amandes.
Râpez le cake.

2 Battez le beurre en crème dans le bol. Ajoutez le sirop de maïs pour rendre lisse et crémeux.

3 Tamiser le sucre à glacer et battez en crème. Ajoutez noix, miettes de cake et cacao. Mélangez en pâte ferme. Mettre au froid pour faire prendre.

4 Faites des boules et roulez dans les vermicelles de chocolat.

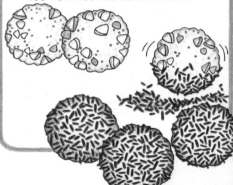

Truffes chocolat-fromage

Il vous faudra:

100g de fromage blanc (à la crème)
250g de sucre à glacer
50g de cacao
50g de cerises confites
vermicelles de chocolat

Pour 16 truffes

Ustensiles:
un bol
un tamis
une cuillère à soupe
un couteau

1 Mettez le fromage dans un bol. Tamisez dessus le sucre et le cacao. Mélangez pour rendre lisse et crémeux.

2 Hachez les cerises et ajoutez au mélange. Mettez 2 heures au réfrigérateur.

3 Faites 16 petites boules avec le mélange et roulez-les dans les vermicelles de chocolat. Laissez reposer 2 heures.

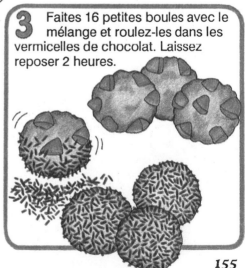

Œufs de Pâques

Il vous faudra:

250g de pâte d'amandes
125g de sucre à glacer
1 cuillerée à soupe d'eau chaude
colorant alimentaire
vermicelles de chocolat
vermicelles multicolores

Pour 16 œufs

Ustensiles:

un tamis
un bol
une cuillère de bois
10 à 12 bâtonnets de cocktail
papier d'aluminium coloré
un bol ou un plat de service

2 Tamisez le sucre à glacer et ajoutez l'eau. Mélangez en une pâte lisse.

3 Avec des bâtonnets, trempez 5 ou 6 œufs dans le glaçage.

1 Faites 16 œufs avec la pâte d'amandes.

4 Roulez dans les vermicelles de chocolat et laissez sécher.

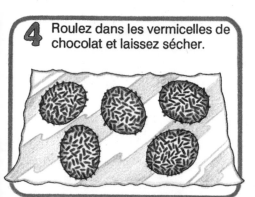

6 Roulez ces œufs dans les vermicelles multicolores.

5 Mélangez un peu de colorant au glaçage et trempez-y 5 ou 6 autres œufs.

7 Enveloppez le reste des œufs dans le papier d'aluminium coloré.

8 Pour servir, disposez dans un petit bol.